SEMILLA DEL SON

K

SEMILLA DEL SON

CRÓNICA DE UN HECHIZO

SANTIAGO AUSERÓN

LIBROS DEL KULTRUM

Publicado por:
LIBROS DEL KULTRUM
Sinónimo de Lucro, S.L.

© del texto, 2019,
Santiago Auserón
© de la imagen de la cubierta 2007,
Juan Miguel Morales
© de esta edición 2019,
Sinónimo de Lucro, S.L.

Derechos exclusivos de edición:
Sinónimo de Lucro, S.L.

ISBN: 978-84-949383-7-5
Depósito Legal: B 18249-20189

Primera edición:
septiembre de 2019

En la cubierta: *Juan Perro,*
de Juan Miguel Morales

Corrección pictográfica
en el dorso de la cubierta
y de la contracubierta:
Jaume Morató Griera

Diseño de colección y cubierta:
pfp, disseny
Maquetación:
pfp, disseny
Impresión y encuadernación:
EGEDSA

Esta colección se compagina con
las tipografías ITC Caslon No. 224,
diseñada por William Caslon (1725)
y Edward Benguiat (1982), y
Akzidenz Grotesk, diseñada por
la fundidora de tipos H. Berthold
(1896).

ÍNDICE

NOTA INTRODUCTORIA

Se cumplen treinta años desde que empezase a reunir informaciones acerca del son y cinco más desde mi primer viaje a Cuba, donde llegué siguiendo el rastro del influjo negro en la canción española que habría de compensar el desarraigo musical propio de mi generación. Desde la publicación a comienzos de 1992 de la antología *Semilla del son*, tardé en sentir la necesidad de ordenar por escrito el caudal de acontecimientos e ideas a que dieron lugar aquellos hechos, aunque la sucesión de fonogramas, encuentros y conferencias relacionados con la música popular cubana me obligase a producir no pocos textos. De ellos he seleccionado aquí los que más claramente exponen los contenidos de una investigación que se ha desarrollado en varias fases.

Mi interés por el son cubano provino de las inseguridades del verso cantado en español sobre ritmos sincopados de procedencia afronorteamericana. El son campesino y la rumba afrocubana cautivaron mi atención gracias a la combinación de aplomo y soltura –por no decir descaro– con que se expresan en mi lengua. La manera más directa de profundizar en las tradiciones sonera y rumbera me pareció que debía ser compilar una selección rigurosa de lo que en ellas resultaba asombroso y conmovedor, para compartirlo a renglón seguido con los aficionados de mi país, especialmente con el público de rock, de jazz y de nuevo flamenco vinculado por algunas inquietudes musicales. *Semilla del son* provocó, en una parte importante de la crítica y del público españoles, una reacción que contribuyó a la internacionalización definitiva de la música popular cubana.

Entretanto, mi cometido se centró en quemar etapas de un aprendizaje que debía colmar el vacío creado por el olvido y por la distancia, mutar mi pellejo musical para tratar de hacerme sonero viejo, pese a haber nacido a orillas del río que dio nombre a Iberia y haber crecido practicando cantos y bailes en lengua extranjera. En mi propia lengua natal tenía ejemplos de la dificultad para educarse en un compás que uno no ha conocido desde la infancia. La sorpresa fue considerable cuando los viejos soneros me incitaron a integrarme en su universo acústico como si fuera la cosa más natural del mundo, cual si me hubieran estado aguardando para convertirme en víctima de un contagio que el mestizaje caribeño había tardado en preparar cuatro siglos. Nunca olvidaré esa generosidad radicalmente participativa de los soneros, tan alejada del rechazo étnico, que me permitió progresar en el intento de dejar de "sonar gallego" y empezar a dialogar mejor con las músicas de mi propia tierra.

Tan pronto como la investigación me dotó de algunas herramientas, me lancé a la tarea de fundir influjos negros y mulatos de diversa índole, tanto anglosajones como latinos, en el crisol de mi nuevo repertorio, abriendo laboratorio bajo el nombre de Juan Perro. Fue determinante la ayuda de buen número de músicos, musicólogos, poetas, críticos musicales y gestores culturales cubanos o españoles que quedarán acreditados a lo largo de estas páginas. No todo fueron facilidades, sin embargo, porque algunos críticos trataron con malicia la pretensión de naturalizar un mestizaje que amenazaba, al parecer, intereses inconfesos, aunque luego se rindieran al empuje comercial que desató el rescate anglosajón de los viejos soneros. Su influyente opinión no logró evitar que la mayor parte de los seguidores que me reprochaban abandonar la senda del rock, ajenos a otra política cultural que no fuera la de su propio gusto, cambiasen de opinión con el tiempo.

En compañía de músicos selectos, me dediqué a asimilar toques y timbres, mientras la sonoridad cubana se extendía primero por tierras españolas y después por el mundo. Pasaron más de dos décadas antes de que me sintiera preparado para mostrar en Cuba el resultado de mi experiencia. Recientemente, he vuelto a la isla con renovada frecuencia y he hecho sonar en escenarios diversos mis canciones, acogido por amistades duraderas y por un sector del público que reconoce con agrado el impacto y la transformación de su cultura al otro lado del charco. Finalmente, se ha hecho patente la conveniencia de contar cómo dio fruto la semilla. Se cierra así un largo ciclo, con la certeza de que otro ciclo se abre, hacia un horizonte musical apasionante y desconocido.

Me ha costado decidirme a añadir imágenes para ilustrar esta selección de textos. La mayor parte de ellas fueron captadas o coleccionadas sin pensar en su utilidad y rara vez me he detenido a mirarlas de nuevo. Mi viaje a Cuba ha seguido la llamada de un pulso ciego, en esa suerte de embriaguez he dejado pasar de largo la belleza de muchos días. Me inquieta la posibilidad de que el exceso de instantáneas nos exima de la tarea de elaborar la imagen más verdadera —con su riesgo inevitable de falsedad— que el tiempo deja en nosotros. Apartando, pues, recuerdos de álbum, he tratado de documentar un rastro del trabajo musical que corra en paralelo con el que preserva la escritura. Alguna foto ayudó, no obstante, a precisar fechas borrosas.

Santiago Auserón, mayo de 2019.

Pintura de Zaida del Río para la monografía de la colección *Semilla del son* dedicada a Arsenio Rodríguez. Representa a Santa Bárbara –trasunto católi- co de Changó– como receptora de una escala que desde un navío conduce a mujeres-pájaro y soneros.

PRIMERA ANTOLOGÍA DEL SON CUBANO

"El son es lo más sublime
para el alma divertir".

Así se anticipaba Ignacio Piñeiro, en uno de sus cálidos
y brumosos sones, a un largo desconocimiento del que
España, vanidosa, hace gala todavía: el de su hijo mulato, el que mejor sabría hacer sonar, quizá, su lengua
materna. De ella conservó una inocencia lírica antigua,
pero heredó de otra parte su herramienta más básica,
necesaria para prosperar en el abandono: el demonio es-
cueto del ritmo africano.

Cuando en 1898 Cuba se libró por fin del doloroso
estatuto del desdén colonial, enfrentándose a intereses
más ávidos y cercanos, la influencia germinal del son
estaba comenzando a extenderse. Pronto se convertiría
en el núcleo de la conciencia musical de la isla, y luego
de todo el Caribe, haciendo sentir más allá del mundo
hispano su poder de seducción.

Una día de 1932, Piñeiro conversa con George Gershwin en La Habana mostrándole, quizá, tras el brillo de
sus ojos, el fondo de su histórico argumento. Sea como
fuere, Gershwin parte convencido de haber dado con

alguna confluencia presentida y unas notas de «Échale salsita» salpican su *Obertura cubana.*

Unos años antes se había iniciado el flujo de talentos en sentido inverso. El mismo Piñeiro visita Nueva York en 1926 con el conjunto de Mª Teresa Vera; dos años después lo hará el Trío Matamoros y sólo una década más tarde la música cubana ejercerá una notable influencia en la ciudad del bebop y del latin jazz, creando allí el medio propicio para que la salsa llegara a ser etiquetada en nuestros días.

Puede que los aficionados españoles hayan tenido ocasión de dar con alguna grabación de Benny Moré o escuchado versiones de los números más famosos del Trío Matamoros («Mamá, son de la loma» y «Lágrimas negras» eran temas conocidos en nuestro país hace más de cuatro décadas), pero el contacto esporádico con los soneros mayores no pasó nunca de ser minoritario. Llegaban a nosotros en aquel tiempo las derivas del son en forma de ritmos de moda internacional, a través del cine, de la radio y de las salas de baile. El mambo, el cha-cha-chá y el bolero (que iría degenerando en una melaza cada vez más incolora) fueron creaciones valiosas y originales del laboratorio popular cubano, pero promovidas desde fuera y aisladas de sus vínculos por el desapego comercial. La presencia de músicos cubanos en España, muy notable en algunos casos, como el de Antonio Machín, no fue suficiente para hacernos comprender el verdadero alcance de lo que nuestra propia tradición había engendrado en su himeneo con el esclavo negro, en el pasado de ultramar.

En su aparente sencillez de género popular bailable, el son expresa la identidad cultural cubana, proyectando sobre toda la hispanidad las consecuencias de un profundo mestizaje con las culturas africanas. Su existencia está reconocida desde finales del siglo XIX. Suele admitirse que la influencia del son se desplazó de Oriente a Occidente, siguiendo los movimientos de tropas rebeldes originados en torno a Santiago de Cuba, en su lucha contra los españoles por el control del centro y la capital de la isla.

A las ciudades orientales de Guantánamo, Baracoa, Manzanillo y Santiago, con sus regiones adyacentes, se atribuye la creación de elementos fundamentales en la formación del son, tales como estructuras rítmicas y melódicas, instrumentos o estilos de interpretación. Pese a que los especialistas descubren hoy indicios de elementos similares en las tradiciones de otros lugares de la isla y del Caribe, parece indiscutible la influencia predominante del Oriente cubano en la configuración del complejo sonero.

Desde principios del siglo XX, un flujo constante de estrellas campesinas se dirigirá hacia La Habana, desde Oriente y otros lugares, para encontrar allí la confirmación de su arte. En La Habana como en Matanzas, Camagüey o Cienfuegos, donde más fuerte es la cultura burguesa criolla, el son contamina poco a poco las danzas de los salones y academias, en un proceso de coloración musical que dará lugar al danzón y al danzonete, y luego al mambo y al cha-cha-chá.

Una música de carácter autóctono acaba pues por imponer su eficacia comunicativa al amaneramiento de la herencia colonial. Aunque por los avatares de la historia otras influencias se acercasen a Cuba, francesas, inglesas y hasta de Extremo Oriente (conocida es la presencia de la corneta china en los carnavales santiagueros), sin olvidar a las *jazz bands* norteamericanas que desde los treinta invadían la isla con sus sonoridades a través de la radio, sus principales raíces son, repitámoslo, española y africana.

Proveniente de África Occidental, la población de esclavos negros llevó a Cuba la interrelación compleja de ritmos simples con distintos timbres, realizados con tambores y otros instrumentos de percusión. Característica de la música ritual africana, aunque no ajena a las tradiciones europeas, es la alternancia de voz solista y coro, o patrón llamada-respuesta, cuyo uso extendieron los negros por América. Muy importante es la manera de entonar y armonizar las voces, próxima a la vez a la invocación ritual y a las intensidades expresivas del lenguaje coloquial, que distingue el canto de origen africano. Estos caracteres, aunque no exentos de estructura definida, se comportaron más bien como aspectos de una potencia musical fluida, capaz de adaptarse a las formas e instrumentos de la música europea, para acabar por transformarlos completamente.

La inmigración española, por su parte, sobre todo de origen canario y andaluz, aportó sus coplas y romances, sus instrumentos de cuerda pulsada, la métrica de sus versificadores (de la que prevalecerá el verso octosílabo en redondillas y décimas), figuras y melodías del folclore popular y los ritmos ternarios que acabarían por fundirse con la polirritmia africana, aunque conservarían su carácter original en otras manifestaciones musicales de Cuba, muy próximas al son, como los diversos estilos del punto guajiro (derivado del "punteado" de la cuerda y el baile españoles).

Algunos elementos formales del son estaban, además, presentes en ambas culturas antes de encontrarse, lo cual debió de servir para agilizar el mestizaje. Así el montuno o estribillo que en el son suele glosar, con ritmo más acentuado y reiteraciones favorables al clímax de los bailadores, lo que la estrofa comienza planteando de forma melódica. El solista alterna con un coro fijo sus improvisaciones que recogen a veces datos del entorno inmediato. Todo ello se encuentra en la música ritual africana, en el arte del *griot*, cronista y trovador de la tribu, así como en los folclores del viejo Mediterráneo, que se extienden por Iberia y los archipiélagos. Del atractivo poético de la improvisación burlesca en el canto ya daban fe los *Himnos homéricos*, hablando de las costumbres de los jóvenes en los banquetes de su tiempo. Los decimistas cubanos llevarán este arte al extremo, en sus largas controversias sobre lo divino y lo humano.

Cuerda pulsada, pues, y elementos de ritmo, crean el tejido en el que se borda la imaginería del son, aunque sobre esa base se irán añadiendo luego nuevos elementos. Se considera clásico el formato que cristalizó en La Habana hacia 1920, sexteto compuesto por contrabajo, tres, guitarra, bongó alternando con cencerro, maracas y clave. Pronto se añadiría la trompeta para formar los septetos. Claro que esas funciones básicas se engendraron en un proceso de notables transformaciones. Por ejemplo, los graves se realizaron antes del contrabajo con instrumentos primitivos, tales como la marímbula (cajón de resonancia dotado de láminas de metal, pulsadas al estilo de la sanza africana), la botija (vasija más o menos grande con un agujero por el que el músico soplaba sus acentos rítmicos), o la tumbandera (compuesta por un palo flexible plantado en el suelo, tensado por una cuerda que también se fija al suelo, sobre un hueco excavado para la resonancia). A través de estos instrumentos se fue depurando la técnica que hoy se conoce como bajo anticipado del son.

El tres, por su parte, es una pieza clave en su definición, tanto rítmica como melódica. Híbrido de la guitarra y del laúd, consiste en una guitarra, generalmente pequeña, con seis cuerdas agrupadas dos a dos, al unísono u octavadas, proporcionando las tres notas básicas que le dan nombre. De los hijos americanos de la guitarra, es el que probablemente abre más posibilidades sonoras, por su timbre original, a la vez poderoso y lírico, y por la afinación que facilita inusuales armonías. De su estilo de pulsación, condicionado quizá por la separación entre las cuerdas, surgen los tumbaos que recogerán más tarde los pianistas de son y de salsa.

Hacen hincapié los especialistas en la forma en que los elementos rítmicos del son se relacionan, creando tres franjas tímbricas superpuestas: la del bajo anticipado o sincopado, la del bongó, maracas y guitarra, con su característico rayado continuo, y por fin la de la clave, con su goteo de "madera de corazón", referencia matriz de toda la música bailable latinoamericana.

Sextetos memorables de los años veinte fueron el Habanero y el de Alfredo Boloña, por los cuales pasaron legendarias figuras, como Abelardo Barroso*. En 1927 se incorporó la trompeta y desde entonces predominaron los septetos, cuyo principal exponente será el Septeto Nacional de Ignacio Piñeiro. Partiendo de la influencia de las bandas norteamericanas, Arsenio Rodríguez amplió en la década de los cuarenta el conjunto sonero, añadiendo metales, piano y tumbadoras. Las ampliaciones siguieron hasta la Banda Gigante fundada por Benny Moré en los años cincuenta, tras su experiencia en México al frente de la orquesta de Pérez Prado.

---

* Existen recopilaciones de ambos sextetos, reproducidas a partir de viejas placas de 78 rpm, cuyo sonido parece más allá de la neblina de los tiempos, en el catálogo de Folklyric Records, referencias 9053 y 9054.

Pero la época dorada del son terminará con el bloqueo al que Cuba tendrá que hacer frente a partir de los sesenta. Un grupo selecto de músicos caribeños, muchos de ellos cubanos, desarrollará y difundirá entonces, desde los Estados Unidos, la herencia del Benny y de Arsenio, de "Lilí" Martínez Griñán y de Chano Pozo, cuyos estilos y toques se habían ido convirtiendo en leyenda. La expresión "salsa" vendrá a etiquetar una reelaboración musical respetuosa con sus fuentes, marcada por la necesidad de sobrevivir en medios marginales, pero desarraigada y promovida en medio extraño, haciendo frente al frío pragmatismo de los negocios internacionales. Pese a la indiscutible calidad de algunos intérpretes, que han sabido mantener su carácter e innovar en ocasiones, el impulso creador que diera lugar a tantos hallazgos musicales quedó así interrumpido.

Los propios músicos cubanos, en particular los jóvenes, van a sufrir en la isla los efectos no sólo del aislamiento, sino también del prestigio amplificado de las sonoridades provenientes del exterior, atraídos por las nuevas tecnologías, casi siempre costosas y lejos de su alcance. Un sucedáneo del jazz tenderá, además, como en otros lugares, a imponer un virtuosismo superfluo, en la técnica instrumental como en los arreglos, frecuentemente alejado de la verdadera inspiración. Entretanto, sólo los viejos soneros, algunos bien lúcidos todavía, se atreven a desconfiar, con parsimoniosa cautela, de la marea de sonidos que amenaza con desintegrar por completo su cultura.

"Salsa" es una exclamación espontánea que subraya los momentos de clímax musical entre los soneros, similar a otras que nosotros conocemos por el flamenco. El son utiliza a menudo imágenes relacionadas con el alimento, tales como "sabroso" o "sandunga" (híbrido del "salero" andaluz y "ndungu" o pimienta africana). Rica en particular es la veta de los pregones, que recuerdan el canto anunciador de los antiguos vendedores ambulantes, elaborando una poética mixta de lo nutricio y lo musical. Este eros oral y primigenio nos hace sentir en numerosos ejemplos (*El manisero, El tomatero, El panquelero...*) la emoción de un espacio sonoro que aún palpita en las calles de los pueblos y ciudades de Cuba.

Cualquiera que se acerque por primera vez a estas grabaciones, pese a sus relativas asperezas, comprobará que los timbres tradicionales preservan intacta su capacidad expresiva, y dialogan mejor con el futuro de nuestra música popular que los ritmos acelerados pero reblandecidos de la salsa. Los que tenemos la suerte, por una vez, de hablar en castellano podremos, mejor que nadie, llegar al fondo y apreciar la fibra de esas voces extrañamente veladas y nasales, de esos toques escuetos y precisos que rechazan la espectacularidad, serios en su función básica de repartir el goce.

A través del rock recibimos en España el influjo renovado de una música animista, negra o mestiza, contagiosa pese a estar hecha en otra lengua, sugestiva pese a transformarse con tanta facilidad en mercancía. Ni nuestra vecindad con África, ni ocho siglos de invasión árabe, ni la presencia de esclavos negros en nuestro propio suelo, ni el ir y venir de las embarcaciones de la Península a las colonias, ni el recio y delicado ejemplo del flamenco consiguieron hasta entonces generalizar en España una conciencia profunda del compás. Sólo ahora empezamos a comprender que el camino que rebasa la rigidez de nuestras cadencias pasa por la sencillez, antes de llegar a una conciencia polirrítmica. El rock nos ha devuelto el pulso básico, cuando ya nuestro folclore estaba misteriosamente desecado y nuestra música ligera banalizada casi por completo. Ésta es la vía, aunque resulte paradójica, por la que hoy podemos acercarnos a los secretos del ritmo en nuestra propia lengua*.

Pero el rock y la salsa confluyen en un mismo callejón sin salida, la esterilidad y el vacío, al que les ha conducido el mundo de los grandes negocios y del dinero fácil. ¿Se hunde así el tesoro de la magia musical, irremediablemente, como un viejo galeón, en el pasado? Algo más que casual es esa confluencia de rock y salsa, luchando a la desesperada de cuando en cuando por su autenticidad, mientras el mercado los neutraliza con facilidad y sus raíces se retuercen bajo tierra, preparando los brotes de un nuevo siglo musical.

Hay un paralelismo entre el rock y el son, a grandes rasgos y salvando muchas distancias, que tampoco parece mera coincidencia. Ambos surgen de una semilla africana plantada en el Nuevo Mundo. Ambos viajan del campo a las ciudades. Buscan el goce inmediato y en ellos predomina el ritmo sobre armonías simples y profundas. Sin embargo, ambos se revisten a menudo de una enigmática trascendencia, "hablando lengua", como dicen los santeros. Con su estilo directo, ambos fabrican poesía a partir de la vida diaria, multiplicando mundos por los rincones del patio y de la casa. Quizá su encuentro nos dé la clave definitiva en que hemos de recuperar, llegados al extremo del desarraigo, un uso primigenio de lo musical.

---

* Todavía en los años noventa del pasado siglo, el público roquero y jazzero en España tenía dificultades para seguir el compás de las claves de son y de rumba, salvo en las Islas Canarias. Tres décadas después, el mismo compás es marcado con naturalidad desde la Cornisa Cantábrica hasta el Campo de Gibraltar y los dos archipiélagos. La difusión de la música cubana ha acabado por influir en la educación rítmica y gestual de los españoles.

EP promocional publicado en serie limitada en el año 1992.

ANTOLOGÍA DE FRANCISCO REPILADO, COMPAY SEGUNDO

Compay Segundo y sus Muchachos durante la grabación en los estudios Cinearte de Madrid, 1995.

Todo el equipo que ha participado en esta grabación, realizada por Compay Segundo y sus Muchachos en los estudios Cinearte de Madrid, sabía de antemano que iba a asistir a una experiencia histórica. La presencia del grupo en los *Encuentros del son cubano y el flamenco* de Sevilla, organizados por la Fundación Luis Cernuda en 1994 y 1995, su actividad en la escena noctámbula madrileña, su éxito clamoroso en El Malecón de Vigo ante un público próximo a las nuevas músicas y al rock, su asalto final al circuito parisino, habían creado previamente un halo de acontecimiento fabricado sin prisa por un sonero lúcido de ochenta y ocho años en plena posesión de su arte musical y de una vivacidad aún desbordante: Francisco Repilado, Compay Segundo.

Mi primera noticia acerca de él la tuve gracias a Danilo Orozco, eminente musicólogo cubano, en un "casetico" frente al que me hizo quedar pasmado, mientras su dedo pedagógico alumbraba los rasgos más herméticos y sustanciosos del estilo del viejo sonero. Fue una noche en su casa de la calle Heredia, allá en Santiago. Yo andaba buscando material para la antología *Semilla del son*. De regreso a La Habana, indagué con Bladimir Zamora acerca del paradero de cintas (un disco grabado en La Habana en 1978 con su sobrino Juan Enrique Coquet, otro hecho con el Cuarteto Patria en 1989, en los Estudios Siboney de Santiago) que no llegaron a tiempo a Madrid. *Semilla del son* salió inicialmente sin *Chan Chan*, que debió haber sido su tema número veinte*.

Muchos años estuvo Repilado, después de su época con Matamoros y luego con Hierrezuelo**, dejando para otros la pugna por el candelero. Pero su música se ha mantenido en boca de los soneros más puros. "Yo siempre he tenido la puerta abierta. El que quiera algo que venga a mi casa", dice Compay arrastrando el acento de su voz de segundo.

Los temas fueron grabados a lo largo de diez sesiones, entre el 13 y el 24 de noviembre de 1995, en directo y sin monitorización, añadiendo a la colocación habitual del grupo algún micro de ambiente y un mínimo de separación. Pese a los tópicos acerca de la mala suerte en escenarios y platós, el estudio se decoró con crisantemos amarillos, del color del manto de la Virgen del Cobre.

Quitándose el tabaco de la boca, Compay Segundo arengaba a los suyos en el control: "Aprieten muchachos, que grabar no es fácil. En cuanto te pones los telefonillos y te señalan así con la mano, parece que te cae plomo encima. Ustedes escuchen a los viejos, para que lo bueno no se olvide". Y en cuanto se había asegurado la atención completa de todo el mundo, sin dejar de darle caladas al puro, enlazaba: "Entonces éramos unos románticos. Paseábamos por el parque saludando a las señoritas con el sombrero y si una te gustaba le echabas el

---

* La canción fue incluida posteriormente en la segunda edición del disco.

** Véase la «Biografía de Compay Segundo», escrita por Bladimir Zamora para el cuadernillo de la *Antología*.

sombrero al suelo. Si te correspondía, pisaba un poquito el ala del sombrero, el ala "ná má", que si no te quería se acabó el sombrero".

Grabamos muchos números, repitiendo tomas para aumentar las opciones. Finalmente, descartamos algunas versiones de temas de otros autores, ya muy conocidos en las actuales recopilaciones de música popular cubana*. Queríamos mostrar, ante todo, la amplitud y la firmeza del repertorio de Francisco Repilado, incluyendo algunos temas ajenos que su interpretación hace propios.

Compay Segundo ha preservado la frescura transparente de un saber musical antiguo, que encara el porvenir con gesto de guajiro altivo: la cabeza alta, clara la mirada, risueño e inocente, aunque siempre precavido. Tal es la fibra de los orientales, la misma que hizo a Sindo Garay centenario; y Compay va por el mismo camino.

Sus canciones son ejemplo de construcción, desarrollo y clima. Acuerdo perfecto de palabra y son en el tiempo. La estructura es de objeto cristalino. Libre y desinhibida, la escritura conserva intacta la esencia poética del pasado, como el cofre de Macusa; o bien se lanza al oscuro porvenir, encabalgando el sentido en torbellino, como machete en mano.

Esta música no sólo es para ser oída, sino también para ser contemplada como una visión alucinante. Los misterios barrocos del son van a aparecer ante ustedes en claroscuro, desplegándose como un paisaje que florece en el campo del estéreo. Son parajes de monte adentro,

---

* Versiones recuperadas para la reedición de estas sesiones, realizada por Warner Music en 2018, bajo el título *Compay Segundo, Nueva antología, 20 años*.

del Mar Caribe, esquinas de Santiago de Cuba pobladas por espectros persistentes y concretos, que tienen nombre y apellido. Nada que ver con postales turísticas.

Los sonidos de esta cinta tienen color, verde hoja de palma, lígnea aspereza, profundidad de morado penitente. Luz natural, electricidad de tormenta. Arcoíris y canto del sinsonte. Alambre del telégrafo. Misterio, caja china, crujir de seda.

Concita la experiencia ancha y larga de Francisco Repilado aires de todo el mundo, del "bel canto" italiano que fascinó a la Trova; danzas de salón de oropel dudoso, que la intemperie asedia; cadencia española, nocturnos grávidos de nostalgia; despertares de ragtime y swing norteamericanos; tango africano, corneta china de la conga. Todo para la exquisita cultura musical de Repilado es materia de trova y son.

Todo lo conduce sin embargo la mano franca que guía la carreta hacia el sabor agridulce del montuno. ¿Virtudes opuestas, la delicada formalidad de un romántico, el gesto virado del guajiro hacia el machete? No se alarmen. El machete quedó tras una mata, para ir alegremente a "echarse unos pasillos" y un traguito.

¿Notan ustedes el sentido profundo de esa aspereza, de esa tensión en el tono, ese timbre metálico algo hiriente, esa nota arriesgada, esa pulsación fuerte? Compay Segundo es un músico de primera que ama el riesgo de la verdad. Su original instrumento de siete cuerdas está hecho para la candela "hasta que amanezca" del guateque campesino. Sorprenden sobre ese diapasón la agilidad endiablada, la precisión de sus finos dedos. "No me pidan que toque como una flauta, que yo soy tresero del monte". Con ese filo mellado la belleza hace más daño. Entre dulzura y aspereza está quizá la calidad más firme del sonido, de la música pura, del puro son.

Con sus fraseos de duración exacta, nunca excesivos, luminosos y audaces, que pasan por insospechados giros y revelan la familiaridad de lo extraño; con sus escalas de paso, subrayados de la melodía principal, entregas para la voz: he aquí un sentimiento barroco que se expresa claramente. Alimento para *riffs* de rock nuevo y para las falsetas de los investigadores flamencos.

Hay mucho que decir también de cada uno de los Muchachos, soneros brillantes ya bien curtidos, que con el Viejo hacen oficio de humildad. La suavidad viril tornasolada de la voz de Julio Fernández, el sabor justo del rallao y el movimiento de bajos en la guitarra de Benito Suárez, la eficacia en los diseños del contrabajo de Salvador Repilado, que recuerdan la magia doméstica de la marímbula o de la botija.

Es para mí un orgullo poder hacer aquí de pregonero del Compay Segundo e ir de puerta en puerta llamando, sin publicidad ni folleto de por medio, oiga usté, caserita, cómpreme, caballero, le traigo fruta fresca, de piel rugosa y carne hecha jugo, un buen pedazo del siglo hecho canción y la semilla quizá del siglo venidero.

LAS ENSEÑANZAS DE COMPAY

Francisco Repilado, Compay Segundo, Madrid, 1995. Foto Javier Salas.

Compay Segundo ha muerto peleando con su carrera artística, tardíamente acelerada, y con el desgaste físico, a los noventa y cinco años de edad. Como nos había acostumbrado a su jovialidad, la muerte, aunque naturalmente previsible, no ha dejado de ser amarga sorpresa. Cantando aquello de: "Cuando te miro y te considero como buena / yo nunca pienso que me tengo que morir", parecía que tuviera intención de durarnos para siempre, pero finalmente no ha sido así. Estaba hecho de madera de corazón, como las buenas claves, su voz tendía a aparejarse con la hondura de las guitarras. A través de la música mantenía hilo directo con los espíritus del monte, pero era a la vez hombre sencillo –más que hombre sencillo, cubano oriental– y lo llevaba muy a gala, como para demostrar que el guajiro conserva en el alma cualidades de la materia más noble. La música le permitió jugar hasta cierto punto con el tiempo, combinar su intuición profunda del origen de las cosas con los avances de la civilización, que él contemplaba con irónica dulzura, como hijo de ferroviario.

Nos contaba Compay cómo su padre hacía sonar el silbato cuando la locomotora que conducía pasaba echando humo por delante de su casa, allá en Siboney. El son es semejante al tren: máquina poderosa, antigua y respetable, que avanza llevando al porvenir la luz de una lejana mañana de Oriente. Fumando su tabaco, decía Compay, la abuela echaba humo igual que aquella locomotora y daba lengüetazos a la piel salada de su nieto, para comprobar si venía de jugar con las engañadoras olas del Caribe. Todo esto ocurría antes del charlestón, en el albor de un siglo de canciones. Tiempo adelante, Compay Segundo se convertiría en el Montuno en persona, señor de las luces y de las sombras del son.

En Francia me hago cargo de su muerte, por la tele compruebo la huella extensa que ha dejado su sonrisa de pimpollo mulato, elegante y descarado. Compay es una estrella internacional gracias, principalmente, al exitoso trabajo de Ry Cooder y Wim Wenders, aunque antes ya venía el Viejo abonando el terreno con mano sabia. Primero un disco emotivo, luego una película que amplificó su resonancia, *Buena Vista Social Club* contribuyó decisivamente al reconocimiento mundial del son cubano. Todo aquel que haya asistido a una descarga de soneros sabe, sin embargo, que la película no alcanza a producir candela, aunque haga derramar lágrimas como un culebrón. Está filmada desde un punto de vista "gringo", algo aséptico y sensiblero, más mediático que musical. Enseña la pobreza cotidiana, el abandono que ha afectado a algunos grandes músicos populares cubanos, sin revelar la inagotable fuente colectiva de su patrimonio. Los viejos soneros merecían mejor homenaje que aparecer encandilados ante un escaparate de la Quinta Avenida, venerando una grotesca estatuilla de Sinatra como si fuera la imagen de Santa Bárbara bendita. Merecían una traducción fiel a su lenguaje rítmico. Pese a todo, Compay Segundo salía triunfador del proyecto *Buenavista*, sin echar todo el carbón a la caldera, gracias a su intensa capacidad de seducción.

Su hombría se aliaba con una gracia natural, muy puesta a prueba en el trato femenino. Era caballeroso como un señor de antaño –tenía algo de su admirado Gardel–, pero también era mulato picarón, y con el aire de *"bon vivant"* justo para acercar a orillas del Sena los misterios tropicales, pregonando elixires de eterna juventud. La música siempre ha sido buena amiga de la seducción, haciéndole los recaditos, pero Compay Segundo conocía de verdad sus íntimas relaciones. Achacaba su longevidad a las Musas, de ellas obtenía su talante visionario. En sus últimos años, Compay se instaló en el Olimpo que se había fabricado con las manos. Tocaba y cantaba desde una nube, ajeno al paso del tiempo, con un destello de ideal en la mirada, como si la decadencia de Occidente no fuera con él. Ejercía también fuera del escenario, siempre metido en su papel, pero no podía uno despistarse, porque en cualquier momento venía el guajiro con ojos de realismo oblicuo. Mantuvo la figura hasta estar seguro de que había pasado a la posteridad las claves de su genio.

Tanto en España como en Cuba, llegamos justo a tiempo de rescatar la memoria musical de Compay Segundo, antes de contemplarla en el cine con subtítulos. En mayo de 1991, buscando materiales para la antología *Semilla del son*, escuché en la Casa de la Trova de Santiago de Cuba su son claroscuro, en boca de ancianos estilistas que se alternaban en escena ante el público mañanero, todavía soñoliento o encendido por el aguardiente de caña. Los sones de Repilado eran de dominio público en las calles de Santiago. Más tarde los volví a escuchar en casa del profesor Danilo Orozco, musicólogo y sonero cabal. Él me aleccionó acerca del estilo único de Compay Segundo, al conocer mi propósito de reunir muestras suficientes para hacer la primera antología del son cubano. Se lo conté al poeta Bladimir Zamora, de regreso a La Habana, pero ni con su indispensable ayuda pude hallar las cintas originales.

La siguiente secuencia se desarrolla una mañana de julio del 94, en el patio de La Carbonería de Sevilla, donde grandes soneros y flamencos se juntaron a la hora del aperitivo, para presentar el histórico encuentro organizado por la Fundación Luis Cernuda, dirigida por Jesús Cosano, con quien acordamos la parte cubana del programa. Allí recibimos el impacto directo de Compay Segundo y nos venció el asombro ante su capacidad de mover con arte antigua el ánimo contemporáneo. Se encontraban presentes sus primeros contactos con el circuito galo. Aquella misma noche Compay asistió en primera fila al concierto de Juan Perro, en un pueblo cercano, avizorando ojo y oídos. Hubo fiesta después – yo cumplía cuarenta años-, y mientras El Guayabero, desde su recién estrenada silla de ruedas, repartía entre los sevillanos sus magníficos e hilarantes sones, Compay Segundo cenaba aparte, con aire circunspecto. Al terminar la cena se levantó, encendió el tabaco, ordenó formar a sus Muchachos, y otra vez nos desbordó con su dinamismo hechicero.

Volvimos a vernos poco después en La Habana, en noviembre del mismo año, durante la grabación del primer disco de Juan Perro. Nos sentábamos con la guitarra en el bar o en el patio del estudio, y él me iniciaba con cautela en la máquina de sus montunos. De nuevo nos juntamos en abril del 95, el día en que el gran tresero Pancho Amat llegó a Madrid: dos leyendas de la música popular cubana se miraron frente a frente por vez primera aquella noche, tres y armónico en mano, en un guateque que duró hasta el alba. El gran jazzman navarro Javier Colina iba relevando a Salvador Repilado en el contrabajo. Era ya de día y Compay Segundo, con ochenta y siete años cumplidos, enseñaba su pasillo de son a Paz Tejedor (ex mánager de Radio Futura), sorprendida como ante un ataque frontal de los mambises. Así vino arrasando a las noches de Madrid Compay Segundo. Luis Lázaro inició con él su relación de representante. Acordamos buscar compañía para grabar la Antología. Alfonso Pérez y Cristina Lliso vinieron al café Populart para verle, y de allí salió su contrato discográfico. Grabamos la *Antología de Francisco Repilado, Compay Segundo* en noviembre del 95. Pocas semanas después, en un estudio madrileño, tuve ocasión de comentarla con Ry Cooder, quien consideraba la posibilidad de regresar a Cuba (había estado en los setenta y conoció a Ñico Saquito) para grabar una segunda entrega de blues en colaboración con Alí Farka Touré, con ayuda de percusionistas cubanos. Cooder participó poco después como invitado en una producción de los Chieftains en La Habana y entonces debió de cambiar de idea, al encontrarse en el bar de la EGREM con los patriarcas del son, revueltos ante la presencia de tanto productor extranjero.

Durante nuestra grabación disfruté de cada nota, de cada rato de charla. Guardo entre las enseñanzas de Compay Segundo imágenes vigorosas de un siglo enigmático, experiencias del campo de Cuba, de las plantaciones de arroz en China, donde Compay Segundo trabajó dos años. A veces llegaba al estudio hablando en chino, como si fuera un Lao-Tse dicharachero. Cuando entre toma y toma compartíamos un trago de ron, me reprochaba que yo era un bebedor ansioso. "Chico, te acabas el traguito muy rápido, sin tiempo para disfrutarlo. Al trago hay que contemplarlo, mimarlo, hablarle con ternura, como se habla a las mujeres. Mírame –decía, alzando el vaso y sonriéndole con todos los dientes, como buscándole al ron sus dulces ojos esquivos–, ¿te das cuenta? Tú en cambio te lo echas dentro de golpe, y si me despisto, carajo, te acabas también el mío". Tenía cuerda para rato, mundo y sentencia para toda ocasión. Pero entre sus enseñanzas, la más preciosa es su concepto del son. Ordenaba la música como si trazase los cimientos de un templo, llevaba el compás como una carga divinamente ligera. Arremetía en cada parte con decisión de combatiente airado. Su montuno era claro, bien fundado, echaba raíz en lo oscuro, pero avanzaba implacable hacia la luz, como un torrente de melodía a cuya orilla se abría la flor de la palabra. Trabajé con él por conocer de cerca los engranajes de su repertorio centenario. Estuvimos codo a codo varias veces en el escenario: yo no podía dejar de admirar su firmeza sobre las tablas. La última vez que nos vimos me dijo que su mejor disco era el que grabó conmigo. Gracias, Compay, en esta ocasión no puedo ser modesto. Hay otros discos buenos, como el *Calle Salud*, donde usted introdujo en el son la voz del clarinete, que hace tantos años practicaba en la Banda Municipal de Santiago. Ahora que usted ha muerto, Compay Segundo, tengo todos sus sones metidos en la cabeza, sonando casi al mismo tiempo. Necesito sentarme con ellos, escucharlos uno a uno, mirarles al fondo de los ojos, buscando algún feliz augurio, saboreándolos –ahora sí– como un trago bien lento.

DE CÓMO LA MÚSICA POPULAR CUBANA GERMINÓ EN SUELO ESPAÑOL

A comienzos de los ochenta, unos pocos años después del fin de la dictadura, Madrid era un hervidero de propuestas culturales y muchos grupos musicales todavía inexpertos, gracias al descaro de sus ideas o a su aspecto provocador, gozaban del acceso directo a escena y de la atención de los medios. La sociedad española quería ponerse al tanto de las novedades sonoras. En el furgón que nos llevaba a pueblos donde nunca se había celebrado un concierto, los componentes de Radio Futura discutíamos mucho de música. Un tema recurrente era la posibilidad de alcanzar con el verso español la flexibilidad de la lengua inglesa y de los ritmos internacionales. Y cavilábamos de esta suerte, mientras rodaba el furgón: "Debe de haber un lugar en el Caribe donde nuestra dicción de vocales abiertas y consonantes rudas se aligere, donde la tradición hispana favorezca la invención de canciones y estilos nuevos". El inglés cantado con acento *créole* en Jamaica se asemejaba a la sonoridad del castellano, los jamaicanos habían difundido por el mundo una cultura musical contemporánea. No tardamos en deducir que aquel lugar idóneo debía de ser Cuba. Sospechando la existencia de sonoridades desconocidas para nosotros, comenzamos a planear unas vacaciones pagadas por los primeros éxitos del grupo.

La generación de nuestros padres cantaba boleros cubanos y mexicanos, la televisión de Franco daba espacio frecuente a Antonio Machín y, en la entrada de un club nocturno madrileño, lucía permanentemente el nombre de Olga Guillot. Chiqui Abril e Ita Buades, propietarios de una galería de arte muy activa en la promoción de encuentros entre pintores, escultores, escritores y músicos, poseían ciertas ediciones inencontrables de Benny Moré y de Bola de Nieve. Pero todo ello era percibido como variantes de la canción ligera internacional en lengua romance –al igual que la canción francesa, la italiana o el tango rioplatense–, sin que fuera posible reconocer el fermento común del que surgían aquellos nombres. España dio la espalda a la realidad cultural de su antigua y preciada colonia –a su música nacional, mestiza–, gracias a la proverbial arrogancia ignorante de sus dirigentes, contagiada a buena parte de la nación a lo largo de siglos.

De modo que, cuando llegué por vez primera a La Habana, en diciembre de 1984, experimenté una conmoción cultural profunda, de consecuencias durables. Mi asombro tuvo poco que ver con los atractivos del turismo tropical y mucho con el hechizo de las sonoridades: nuestra lengua natal hablada por rostros de rasgos africanos, giros e imágenes propios del Siglo de Oro, dichos olvidados en una España que, desde la posguerra, anhelaba el estilo de vida norteamericano, se conservaban intactos en el admirable cristal cubano. En el hall o en la pista de los hoteles, en las tabernas y en los cabarets, se mantenía el viejo repertorio conocido y practicado por nuestros padres, al lado de otras sonoridades bailables, una especie de jazz latino distinto del que llegaba de los Estados Unidos y las canciones de armonía enriquecida y poético lenguaje de la Nueva Trova. Todos los caminos musicales en Cuba parecían conducir a una misma fuente: un son que, para nuestros oídos, guardaba su antiguo sentido genérico, pero no el significado específico que ya teníamos prisa por descubrir.

En busca de discos por La Habana, 1984. De espaldas, Enrique Sierra, guitarrista de Radio Futura. Foto Catherine François.

Playas de Este, diciembre de 1984. Foto Paz Tejedor.

Una tienda de anaqueles casi vacíos de Habana Vieja ocultaba, en un rincón poco accesible, algunos fonogramas de edición reciente: un excelente disco de Rubén Blades (*El que la hace la paga*, Fania Records, 1983); otro de música anglo-nicaragüense (*Zinica*, Enigrac, 1983); otro del Grupo Changüí de Guantánamo, con densas notas firmadas por Danilo Orozco (*¡Ahora sí! Changüí y cumbancha*, Siboney, 1983); y un "casetico" de un tal Faustino Oramas "El Guayabero" que se titulaba *Sones del humor popular* (Siboney, sin fecha). Llegados a Playas del Este, encendimos un radiocasete portátil para escucharlo y fue como destapar una lámpara maravillosa de la que saliera un genio negro. Ciertos individuos solitarios que merodeaban por esquinas próximas, junto con un grupo de mulaticos que jugaban en la arena, formaron al cabo de un rato en torno nuestro un coro heterogéneo que se carcajeaba a cada estrofa y cantaba al unísono los estribillos. Aquellos sones, ciertamente populares, me parecían una especie de *talkin' blues* inaudito, en castellano florido e ingenioso. De vuelta a Madrid tuve tiempo de apreciar más detalles: imágenes claras de la vida urbana fluyendo en el viejo octosílabo castellano, una rugosidad cercana en el timbre de voz, una tensión estimulante en las armonías vocales e instrumentales, un poderío endemoniado en los fraseos metálicos y atrevidos del tres, instrumento que escuchaba por vez primera. Sus patrones repetidos sobre la clave, el bajo y el bongó movían como un engranaje de precisión las series de imágenes que El Guayabero parecía complacerse en prolongar: los nombres de los treseros afamados o de los numerosos cabarets de La Habana.

En aquel hermoso y fascinante disco de Faustino Oramas, registrado con más de setenta años de edad, antes de que la sordera empezarse a hacer mella en su afinación vocal, descubrí los rasgos del son tradicional. El Guayabero me abrió, literalmente, las puertas del son. Cinco años después, en el segundo y largamente esperado viaje a Cuba, pregunté por su domicilio en Oriente, nos plantamos en Holguín, llamamos a su puerta y, como si hubiera estado aguardando nuestra visita (quizá le habían avisado desde el Rincón del Guayabero, donde me había detenido a echar un trago), nos recibió impecablemente vestido de blanco, repeinado, indicando con su mano abierta la entrada franca a su morada. Junto a él se hallaba una guajira de peluca rubia platino llamada Marilyn Escobar, cantante de su conjunto. Cuando Faustino terminó de comer, despacio y en silencio, se metió en un cuarto próximo y salió al momento con su chaqueta blanca de pechera condecorada, un *canotier* como el de Maurice Chevalier ladeado sobre la cabeza, su tres en una mano y en la otra un álbum de fotos apaisado, de cubiertas rojizas, medio descabalado. Casi sin mediar palabra, empezó por mostrarnos las páginas del álbum, con recortes de Fidel Castro y de Víctor Jara y alguna foto junto a Pablo Milanés. Ante un retrato en sepia, atacado por la humedad, de una muchacha joven, el largo índice moreno señalaba cuidadoso: "Esta es Marieta...". Luego comenzó a pulsar el tres y a repasar su repertorio, sin sorprenderse mucho de que un roquero español secundase los estribillos. Durante varios días, nos hizo acompañarle cantando por calles, parques, centros culturales y nocturnos de Holguín. A veces se unían a nosotros un guajiro poco hablador, de aire indiano y mirada dulce –el magnífico tresero Cándido Sánchez– y un negro flaco y vivaz llamado Jenaro, percusionista del grupo. Tras la última de aquellas sesiones improvisadas, compartida con el personal del aeropuerto, Faustino se despidió en tono enigmático, diciendo: "Ahora usté es el encargao...".

Santiago de Cuba, 1989. Al fondo, la Sierra Maestra.

Primera pista para encontrar a Faustino Oramas en Holguín, 1989.

En el domicilio de Faustino Oramas, El Guayabero, Holguín, diciembre de 1989. A la izquierda, la cantante Marilyn Escobar.

Holguín, 1989. Tomando buena nota de un tumbao: "Cuidao con el perro...".

Jenaro, Marilyn Escobar y el tresero Cándido Sánchez hacen los coros al Guayabero en el cabaret Nocturno, Holguín, 1989.

El Guayabero y Santiago Auserón conversan en el cabaret Nocturno de Holguín, 1989.

En Cayo Largo trabé amistad con José Castañeda, "Maracaibo", y los muchachos de su orquesta, quienes me instruyeron acerca de los nombres legendarios de la tradición sonera y me hicieron practicar los toques básicos de la clave, del bongó, de las congas, y descifrar los tumbaos de tres que Castañeda interpretaba con una guitarra eléctrica de cordaje modificado. Quedábamos por la mañana en mi bungaló y la clase de música duraba hasta que se acababa el Havana 7. Luego tomaba la guagua hasta el embarcadero y el lanchón hacia Playa Sirena, con la cabeza en las nubes del ritmo. A veces pasaba por el restaurante para conversar con Mario, un mulato claro en torno a la cincuentena, pequeño, delgado, resuelto, observador y de palabra exacta, que fue guerrillero en la Sierra, padre de un voluntario en Angola, aunque acerca de eso no se extendía mucho. Prefería hablar de música, de la religión yoruba, de la obra de Fernando Ortiz. Sus detalles acerca de la vida del Benny (de quien habíamos encontrado una cinta en la tienda para turistas), aunque algo mitificados, tenían más visos de realidad que los que narraban los músicos. Por las noches, durante el último pase ante los turistas, Maracaibo me hacía incorporarme a la orquesta, para comprobar sobre las tumbadoras lo que llevaba aprendido.

No tuve paciencia para aguardar el final de aquellas vacaciones. Volvimos a La Habana para iniciar contactos en la EGREM y en la Embajada española. Nada más regresar a Madrid, comencé a investigar las raíces del son cubano, con ayuda de un libro de Natalio Galán, *Cuba y sus sones* (Pre-Textos, Valencia, 1983) y negocié con la multinacional BMG Ariola las bases para la edición de una antología. En compañía de nuestra mánager Paz Tejedor, fui a la Residencia de Estudiantes para entrevistarme con el poeta, periodista y crítico musical cubano Bladimir Zamora, quien, en calidad de redactor de *El Caimán Barbudo,* pasaba unos días en Madrid para asistir a un encuentro de revistas iberoamericanas. Nacido a orillas del río Cauto, en tierras orientales, Bladimir conocía bien el sentido de la expansión del son de Oriente a Occidente de la isla, como factor de integración de la nación cubana, y era un apasionado cultor de sus primeros intérpretes, de los que yo empezaba a manejar algunos datos. Pasada la primera sorpresa ante la aparente falta de conexión entre un grupo de rock español famoso –del que Bladimir tenía vaga noticia– y mi propósito investigador, entre citas a los soneros y a los poetas de su tierra prendió el fuego de la conversación y mi interlocutor empezó a parecer entusiasmado con la idea de rescatar el son tradicional para editarlo en España.

La Habana Vieja, Marzo 24 de 1991

Sr. Sonero Santiago Auserón:

aquí en esta Isla es domingo y da deseos
de volver a una de nuestras largas y caóticas conversaciones, donde
se trenzan los sonidos del rock, el cante español y el arrebato se-
reno de la música tradicional cubana. Pero no puede ser y es de nuevo el papel quien se ocupa de acercarnos.

Mi silencio podría haberte he-
cho pensar en mi desinterés por vuestro proyecto de divulgar las exce-
lencias de nuestros ritmos allá. No es así. He tenido mucho trabajo des
de mi llegada y hasta algunos contratiempos de salud. No obstante creo
que estamos a tiempo, si es que ustedes siguen conectado con tal idea.
Fidel me ha pasado la lista de lo grabado en la EGREM y enviado a ti.
Recuerda que quedamos en que tú después de escucharlo harías una selección y luego me mandarías de allá la lista de títulos, para ver mi parecer. Del material que está en tu poder casi todo me parece adecuado
para los propósitos de los que hablamos, sólo que no están en esas cintas, de varios de los autores, las piezas que a mí me parecen indispen-
sables1 o por lo menos todas las indispensables. Se da el caso también
de que esa cinta variada se aparta un poco de lo discutido como la prio
ridad actual y Joseíto Fernández, el de la Guantanamera, por haber sido
gastado en función de una propaganda cubana un poco esquemática, pues
no me parece materia inmediata para este trabajo. He hablado con Ana
Lourdes y está de acuerdo en que yo sea un puente entre ustedes y la
EGREM.

Aquí te mando La música en Cuba de Carpentier y Mi correspondencia con Lezama Lima de Rodríguez Feo. Estoy seguro que puede ser de interés para ti y CaHy. Se por supuesto, que estoy en deuda con Paz, de
modo que en un próximo envío les pongo un libro de la vida real para
que ella lo pueda leer contenta.

Espero prontas noticias tuyas, mientras
sigo escuchando los cassetes que me dieron, para no perder el tema de
RADIO FUTURA....

un abrazo con sabor a Habana Club...

Carta de Bladimir Zamora a Santiago Auserón, marzo de 1991.

Unos meses después, tomé de nuevo el avión hacia La Habana con un borrador de contrato y una lista contrastada de artistas indispensables. El agregado cultural de la Embajada española, Fidel Sendagorta, con quien había establecido contacto durante el viaje previo, se había puesto en sintonía con Bladimir Zamora para apoyar el proyecto. Durante las veladas en su residencia, los músicos de la banda de Carlos Varela se extrañaban del interés de un roquero español por el viejo son y me hablaban de los Beatles y de Pink Floyd.

Desde las primeras sesiones de trabajo en la EGREM, pese a la atenta disposición de sus responsables –en especial de Aleida Espinosa, que conducía con gentileza nuestras gestiones–, comprendí que editar en España la primera antología internacional de son cubano no iba a ser tarea fácil. Las grabaciones originales no aparecían en sus archivos y, cuando lo hacían, algunas cintas estaban en mal estado, perdiendo la emulsión a causa de la humedad. Bladimir movió sus contactos personales en la casa, por obra de los cuales fueron llegando a nuestras manos, de forma misteriosa, las matrices más deseadas. El productor Jorge Rodríguez se mantuvo siempre atento a nuestros manejos. En la EGREM habían decidido digitalizar el catálogo cuanto antes, pero no habían comenzado aún por la dificultad para obtener los soportes necesarios, en pleno Periodo Especial. Me hice enviar un par de cajas de cintas vírgenes en formato DAT por valija diplomática y, gracias a sus amigos locutores, Bladimir obtuvo copias en casete de algunos temas esenciales, de los que no hallábamos otro registro, sacadas de Radio Progreso o de Radio Rebelde. Un *mastering* adecuado podría salvar aquellos sonidos, que estaban a punto de hundirse en el olvido.

La Habana, 1991. Bladimir Zamora conversa por teléfono con Niño Rivera para concertar una cita. Foto Santiago Auserón.

Andrés Echevarría, "Niño Rivera", en su casa del barrio de La Víbora, La Habana, 1991. Foto Santiago Auserón.

Una mañana me informaron de que también andaba por allí un norteamericano del sello Luaka Bop buscando materiales. Un enviado de David Byrne. No era cuestión de echar carreras, al menos esta vez iba a entrar en juego una producción hispana con enfoque propio. De vez en cuando se dejaban ver por el estudio de edición personajes notables de la música cubana para enterarse de lo que estábamos fabricando. Bladimir me ponía discretamente al tanto de quién era quién. Recuerdo a Adalberto Álvarez, director del grupo Son 14, entonces en pleno éxito, a quien las damas de la casa saludaban con picardía. A Guillermo Barreto, gran batería y timbalero, maestro del jazz latino y esposo de la especialista en cantos afrocubanos Merceditas Valdés. Barreto se quedó un buen rato con nosotros escuchando la selección, tratando de precisar quién era voz prima o voz segunda en algunos números. También apareció por allí Elio Revé, director de la más afamada orquesta de changüí, calzando unas excelentes botas mexicanas de color hueso. Todos ellos eran artistas de gran calibre, pero mi propósito era centrarme en el son de la época dorada, entre los treinta y los primeros sesenta, cuando maduró como género, tomando por referencia inicial la primacía del

Septeto Nacional de Ignacio Piñeiro y del Trío Matamoros, para llegar hasta la muerte de Benny Moré.

Sin Bladimir Zamora, *Semilla del son* no hubiera sido posible. Activista musical incansable, me llevó a visitar el patio donde Marta Valdés reunía a su peña para cantar, bajo una mata de zapote, los sábados por la tarde. Me ayudó también a localizar a Andrés Echevarría, "Niño Rivera", en su casa del barrio de La Víbora para entrevistarle. El legendario tresero y refinado orquestador, ya viejito, con ojos brillantes y habla pausada, nos explicaba el significado de la expresión "*handygrúa se rompió*" en el más famoso de sus sones, *El jamaiquino*: se trataba de un negrito proveniente de la isla vecina que, en la obra donde trabajaba, al romperse el molinete alertaba a sus compañeros con su media lengua: "*handygrúa brok!*". En horas de asueto, botella de ron en mano, Bladimir nos hacía recorrer los rincones más profundos de La Habana, caminando hasta el agotamiento, empalmando la noche con el día. Habíamos formado equipo con Kiki (el joven cineasta Enrique Álvarez), su compañera Puchi (Nidia Fajardo, desde cuya casa se hacían las gestiones por teléfono) y el joven poeta Camilo Venegas. En un puesto callejero, gastando sus últimas monedas, Bladimir me compró una figurita de la Caridad del Cobre en escayola pintada, con los tres Juanes (Juan Indio, Juan Odio –el blanco, claro– y Juan Esclavo) implorando a sus pies desde la frágil barquilla sacudida por el oleaje. "Ya sé que usté no es creyente y yo tampoco –me decía–, pero Cachita es otra cosa... Cuando vaya pa' Santiago, lléguese al Cobre y que le bendigan la figurita". Luego nos instaba a viajar hasta Santa Isabel de las Lajas para verter ron sobre la tumba del Benny y conversar bajo la ceiba que se encuentra a la entrada del cementerio.

Santa Isabel de las Lajas, mayo de 1991. Bladimir Zamora vierte una botella de Havana 7 sobre la tumba del Benny.

Empecé a compartir mi proyecto con los investigadores del CIDMUC (Juan Manuel Villar, Zoila Gómez, Manuel Santos, Ramona Vidal, Victoria Eli Rodríguez, Carmen María Sáenz) y obtuve autorización para reproducir paquetes de documentos acerca del son, pero antes tuve que recorrer la periferia de La Habana en taxi buscando *toner* para la fotocopiadora. Viajé después a Santiago de Cuba e hice lo propio con los archivos del Seminario del Son. Cada mañana me iba a descubrir repertorio a la Casa de la Trova. Cuando un tema desconocido me gustaba, preguntaba a los músicos o a los asistentes por el autor. Con frecuencia la respuesta a media voz era la misma: "Repilado". Busqué el domicilio de Francisco Repilado, pero los vecinos me dijeron que estaba en La Habana. A cambio me informaron de que, siendo yo roquero, me convenía entrevistarme con un tal Rigoberto Maduro, porque tocaba una guitarra amplificada con un "equipito" eléctrico provisto de vibrato. Pero Maduro tampoco estaba en su casa y, cuando alguien imaginaba por dónde podía andar, parecía esfumarse ante mis pasos. El tresero habitual en la Casa de la Trova, un negro visceral apodado Beby, accedió a darme unas clases, por las tardes, en la terraza de mi cuarto. Yo intentaba reproducir sus tumbaos, con el tres que había adquirido en la EGREM de La Habana, y él ponía cara de indignación, especialmente si probaba a hacer un *bending* en las cuerdas dobles, y me proporcionaba con voz gritona su mejor lección: "Un tresero no puede sonreír, tiene que tocar serio, sin mirar a las muchachas...".

Visité en su casa de Santiago al afamado musicólogo Danilo Orozco. Ante mi pregunta por Repilado, abrió mucho los ojos ampliados por sus lentes y a renglón seguido me hizo escuchar un seductor registro de Compay Segundo. Danilo sujetaba un volumen de partituras de su tesis doctoral en el regazo, subrayando la necesidad imperiosa de incluir aquel tema (*Chan Chan*) en la antología. Francisco Repilado había conocido la fama en los años cincuenta con el dúo Los Compadres, junto a Lorenzo Hierrezuelo. Pero su carrera musical se hizo borrosa y en aquellas fechas andaba tocando para los turistas en un hotel habanero. Danilo Orozco había asumido personalmente la tarea de revivir las glorias de su eminente paisano. Conversé también con otro notable musicólogo santiaguero, Rolando Antonio Pérez, quien se acercó hasta el hotel para obsequiarme su libro *La binarización de los ritmos ternarios africanos en América Latina* (Casa de las Américas, 1986) y me explicó su teoría durante un agradable paseo. Antes de regresar a España, Bladimir Zamora quedó encargado de localizar las grabaciones de Compay Segundo, pero la cinta con la versión de *Chan Chan* interpretada junto a Elíades Ochoa y el Cuarteto Patria sólo llegó a Madrid para la segunda edición de *Semilla del son*.

Danilo Orozco, en su casa de Santiago de Cuba, 1991.

Desde Santiago volví a coger la carretera hacia Holguín, con ganas de visitar de nuevo a Faustino. Sentado a solas en medio de un amplio sofá, frente a la recepción del hotel Pernik, había un guajiro menudo de tez tostada y amplia sonrisa bajo el sombrero de pajilla, en actitud discreta. Al verme cargado con un instrumento musical, la recepcionista me preguntó si venía a la celebración del cumpleaños de El Guayabero. "¿Cumpleaños?". Sí señor, Faustino Oramas cumplía supuestamente ochenta años aquel mismo día –la fecha real de su nacimiento es algo dudosa– y lo celebraba con una reunión de soneros por todo lo alto en su ciudad natal. "¿El caballero del sofá es también sonero?", pregunté. "Ese es Maduro", me respondió la guajira, alargando musicalmente las últimas sílabas ante mi rostro estupefacto, como si yo no fuese capaz de distinguir la ficción de la mágica realidad del Oriente cubano. ¡Rigoberto Maduro! ¡Parecía huir de mi pesquisa en Santiago y me doy de narices con él nada más llegar a Holguín! "Ahí mismo está Faustino en el restaurante...", me indicó Maduro, prolongando mi estupor con voz tenue y gesto tímido. Entré en el restaurante y avisté a Faustino reinando sobre una amplia mesa, rodeado de alegres comensales, frente a su pastel de postre. Le tendí la mano con inclinación respetuosa y respondió sin inmutarse: "Compañero Santiago, le estábamos esperando...". Aunque no fuera verdad, mi creencia en el destino se acrecentó mucho ese día.

Fueron cuatro jornadas de encuentros musicales incesantes en los más diversos escenarios: en el domicilio de Faustino, en la Casa de la Trova, en el Teatro Principal de la ciudad, y, sobre todo, en mi propio cuarto del Pernik, siempre repleto de soneros como un vagón de metro en hora punta, que cada rato debía abandonar en dirección a los sótanos del hotel, en busca de otra caja de cerveza u otra botella de ron. Asistí a situaciones memorables, como la controversia que mantuvo, en un balcón frente al atardecer, el gran rumbero Carlos Embale, tabaco en mano, con el cantante del grupo de Maduro, Reynaldo Prades, negro de mirada retadora: una voz de mulato acerada y nasal, otra de profundo terciopelo, Occidente frente a Oriente. Faustino me invitaba a interpretar reiteradamente, en uno u otro escenario, su bolero favorito: *Obsesión*, del portorriqueño Pedro Flores, ante el que ponía cara de circunstancias, grávido de nostalgia amorosa. Junto a Santana Oramas, su sobrino, hice una primera aproximación a lo que significa cantar a dos voces en Cuba. Reynaldo Prades, por su parte, me dio un cursillo de dos minutos sobre su forma particular de manejar las maracas, pero pasamos largo rato tomando ron y conversando acerca de la evolución del son tradicional. A Prades no le hacía gracia la salsa y le ponía pegas al mismo Rubén Blades. Por las noches, sus compañeros de celebración se pasaban la guitarra de mano en mano mientras él recordaba el estilo de Miguelito Cuní. Ellos le replicaban con viejas trovas de Sindo Garay, Manuel Corona y Pepe Sánchez. "Tú viniste a la mata...", me dijo casi al oído un bongosero mulato en camiseta de tirantes, poco antes de retirarme con paso inseguro.

Santiago Auserón con su tres recién adquirido, llegando a la provincia de Holguín, 1991.

Holguín celebra el 80 aniversario de Faustino Oramas, El Guayabero, 1991.
Foto Santiago Auserón.

Santiago Auserón en escena con El Guayabero y su Conjunto, Teatro Principal Eddy Suñol, Holguín, mayo de 1991.

Santuario de la Caridad del Cobre, 1991. Foto Santiago Auserón.

El primer volumen de la antología *Semilla del son* se presentó el miércoles 20 de febrero de 1992, en la sala El Sol de Madrid, que en años precedentes fuera lugar emblemático de la "movida", abarrotado de nuevo para la ocasión como en sus mejores noches. Conseguimos, tras no pocas y costosas gestiones, que El Guayabero, acompañado por Santana Oramas, cantante y maraquero, y por el guitarrista Misael Pino, junto con Bladimir Zamora, pisasen un día antes –intercambiando muecas de asombro, con paso cauteloso– un suelo madrileño blanqueado por la nieve primaveral tardía. Entre los asistentes a la presentación se hallaba Ramón Cabrera, autor del famoso cha-chá-chá *Esperanza*. El percusionista Luis Dulzaides, cubano residente en Madrid, se subió al escenario para reforzar con el bongó las maracas de Santana. La gente del rock madrileño no daba crédito a lo que tenía ante sus ojos. En una atmósfera de embriaguez colectiva, típica del local de eterna moqueta rosa, todos pugnaban tras el concierto por acercarse al viejo sonero como si fuera Elvis redivivo. Faustino, con su habitual cortesía, se entretenía en contar sus "cuentecitos" picantes a cada interlocutor y remataba con su coletilla habitual: "¡Santa Palabra!". Mis progenitores,

Goyo y Libertad, recientemente separados, se agarraban de nuevo para echarse un baile con no poco estilo. Sujetando firmemente con la diestra su copazo ambarino, mi padre comentaba en la calle que nunca se había sentido tan a gusto. Según nos relató Bladimir nada más llegar, El Guayabero ya había formado el rumbón durante la escala en el aeropuerto de Santo Domingo. En el hotel del barrio de Salamanca, desde primera hora de la mañana, iba de mesa en mesa por el área de desayunos, mostrando su famoso álbum a los clientes atónitos. En el supermercado cercano, hacia donde me condujo reiteradamente para llenar cajas enteras de cartón con bolsas de garbanzos, las señoras del barrio que iban a la compra con la permanente recién hecha quedaban al borde del soponcio, ante la aparición de aquel negrón larguirucho con la chaqueta llena de medallas y el *canotier* en la mano, inclinándose para cederles el paso entre dos estantes.

Caja de Semilla del son editada en 1993, conteniendo la primera antología y cuatro monografías esenciales.

El Guayabero "fiestando" en casa de Santiago Auserón y Catherine François,
febrero de 1992.

Semilla del son cautivó la atención de la crítica y del público musicalmente inquieto en España. Durante el año anterior, mientras yo andaba buscando materiales en Cuba, el sello suizo Tumbao había comenzado su andadura con una selección del Sexteto Habanero y los norteamericanos de Luaka Bop habían editado una antología menos ceñida al espíritu del son tradicional, bajo el contagioso hechizo del baile (*Dancing With The Enemy*). Nuestra antología fue pionera en el área de habla hispana e internacionalizó un panorama amplio, de alta calidad, de la evolución del son cubano en su periodo más intenso. Cada una de sus piezas sonaba allende el mar como una explosión de sensaciones novedosas. Mi principal motivación para asumir la tarea fue impregnarme de la sabiduría rítmica de los soneros, del timbre de los negros y mulatos en mi propia lengua, pero inmediatamente comprendí que aquello debía ser compartido con dos generaciones –la de los cincuenta y la de los setenta– que habían asumido en España la tradición afroamericana.

Para conseguirlo hizo falta empeño y un volumen de trabajo enorme: se sumaron la idea del título, que vino de Catherine François mientras tomaba un baño; el empuje de Paz Tejedor y la atención constante de Mariluz Auserón en nuestra oficina; el apoyo personal del director de BMG Ariola, José María Cámara; el compromiso del equipo de la EGREM (Aleida, Rosa, Amanda, Jorge...), encabezado por sus directores sucesivos Ana Lourdes Martínez y Julio Ballester; la intervención decisiva, en el momento justo, de la pianista Alicia Perea, directora de Instituto Cubano de la Música; la benevolencia para reproducir material gráfico por parte del Museo Nacional de la Música, a cuyo frente estaba la venerable María Teresa Linares; y la disposición de la Embajada de España en La Habana para agilizar la indispensable valija diplomática, reclamada de cuando en cuando, desde el Ministerio de Asuntos Exteriores de Madrid, por Alicia Aranda. Artistas de gran valía proporcionaron materiales para la edición, como la pintora cubana Zaida del Río y el fotógrafo catalán Xavier Guardans. Montserrat Cuní y Coyán Manzano resolvieron el complicado diseño. Pero sobre todo –vuelvo a insistir en ello– tuvimos el privilegio de contar con la calidad de la entrega martiana –modelo de idealismo jovial– del añorado Bladimir Zamora, con quien intercambiamos un volumen considerable de pulida correspondencia mientras estaba en La Habana, y que, llegado a Madrid, daba mucha guerra por sus horarios en casa de mi madre, a quien él llamaba "La Veterana" con su voz cascada por el ron, cuando ella insistía en despertarle a gritos. La prensa española y la prensa cubana se hicieron amplio eco de la edición de *Semilla del son*. Una misión histórica de este cariz necesita la aportación de muchas y selectas voluntades.

Conscientes de que los registros fonográficos no bastan para transmitir las calidades de la viveza musical cubana, en 1993 logramos desde nuestra oficina cerrar el compromiso entre la Casa de América, la Sociedad General de Autores y Editores y el Círculo de Bellas Artes de Madrid para organizar un encuentro de poetas y soneros, planeado en complicidad con Bladimir Zamora. Nuestra veneración compartida por la música popular y por la poesía de la primera mitad de siglo XX –en especial por el grupo creado en torno a la revista *Orígenes* y a su director José Lezama Lima– definió los contenidos del *Encuentro con el son cubano*, ciclo de conferencias, lecturas y conciertos que se celebró entre el 7 y el 10 de julio, en el Palacio de Linares, sede de inquietantes fantasmas –según la tradición popular castiza– y de la recién creada Casa de América. Participaron dos eminentes poetas de la generación de *Orígenes*: Fina García Marruz y su esposo Cintio Vitier; los musicólogos santiagueros Danilo Orozco y Rolando Antonio Pérez; la joven poesía cubana estuvo representada por Bladimir Zamora y por Camilo Venegas; por parte española intervinieron el musicólogo Faustino Núñez, la investigadora María Virtudes Núñez y el crítico musical Pedro Calvo. La música la pusieron ni más ni menos que la reina del guaguancó Celeste Mendoza, acompañada por el conjunto Raisón, y la formidable agrupación de Los Muñequitos de Matanzas. En el último momento, cerramos un acuerdo telefónico con NG Labanda que, de regreso de un concierto en París, hicieron escala en Madrid para dar un tórrido concierto fuera de programa, en el Salón de Columnas del Círculo de Bellas Artes.

Cintio y Fina nos envolvieron en su microcosmos particular, un elegante manto de cultura y sensibilidad que hicieron extensivo a los asistentes leyendo emotivos versos, delicada prosa. Me encontré con ellos luego por la calle, depositando al pie de la estatua de Ramón Gómez de la Serna –situada en el Paseo de Recoletos, frente al hotel donde se alojaban– un ramo de lirios blancos y amarillos que habíamos hecho llegar a su habitación. En el otro extremo del espectro de la poesía cubana, la rumbera Celeste Mendoza bajaba malhumorada del autobús que la traía desde el aeropuerto. Fui hacia ella ceremonioso y pasó de largo, apartándome con la mano extendida: "Hable con mi representante...". Antes del concierto, tuvo a bien dirigirme la palabra para recordarme que le habían prometido una botella de ron que no se encontraba por ningún sitio. La Casa de América suele ser estricta con las provisiones en camerinos. Llegó la botella, que se evaporó en pocos minutos, y Celeste lo dio todo en el escenario, electrizada, como posesa, dejando al auditorio boquiabierto. Del asombro, el auditorio pasó directo al trance, cuando Los Muñequitos de Matanzas instalaron en el recinto una atmósfera irreal, hecha de toques hechiceros y negras voces rasposas, que tensaban la armonía al extremo y precisaban la dicción como si quisieran desgarrar el alma de Castilla. En aquel momento justo, sentí el alivio de haber trasplantado a tiempo la semilla adecuada. Prendió enseguida, porque entre la audiencia estaba Jesús Cosano, gerente de la Fundación Luis Cernuda de la Diputación Provincial de Sevilla, acompañado por sus colaboradores cercanos. Nada más acabar el ciclo, nos plantearon la necesidad de organizar algo similar en la ciudad bética.

Carta de Faustino Oramas, El Guayabero, a Santiago Auserón, enero de 1994. En ella anuncia que le ha sido amputada una pierna y recuerda su escasez de cuerdas para el tres y de perfume "que ahuyente los malos espíritus".

Presentación del primer *Encuentro del son cubano y el flamenco* en el Patio de la Carbonería de Sevilla, julio de 1994. A la izquierda, el cantaor Tío Juane, en el centro el presidente de la Diputación de Sevilla, Miguel Ángel del Pino, a la derecha Compay Segundo, El Guayabero y Jesús Cosano, gerente de la Fundación Luis Cernuda y responsable de la organización del *Encuentro*.

Compay Segundo y sus Muchachos suenan por vez primera en España, Patio de la Carbonería, Sevilla, julio de 1994. A la izquierda, la pianista clásica Alicia Perea, presidenta del Instituto Cubano de la Música, junto a ella la cantante Omara Portuondo.

El primer *Encuentro del son cubano y el flamenco* se celebró un año después en Sevilla, del 24 al 31 de julio. La idea de Jesús Cosano y sus colaboradores era hacer coincidir en diversos escenarios de la capital y de algunos pueblos de la provincia –Mairena del Aljarafe, Utrera, Lebrija y El Coronil– a destacadas agrupaciones soneras con familias flamencas de raigambre. Mi papel consistió en seleccionar la participación cubana de acuerdo con Bladimir Zamora –quien además se encargaría de las gestiones en La Habana– y en ayudar a la promoción del evento. Era el momento de traer a Compay Segundo con sus Muchachos por primera vez a España, de volver a invitar a Faustino Oramas El Guayabero con su Conjunto al completo y de asegurar la participación de algunos de los grupos campesinos de mayor solera que todavía se mantenían en activo, como el Septeto Spirituano y Los Naranjos de Cienfuegos. Por el lado flamenco, junto con las familias de "Utrera y su compás", "Lebrija: Sentimiento al golpe" y el Grupo de Pedro Bacán, estaban el Nano de Jerez y su padre, el respetado Tío Juane, en su último año de vida. La comitiva cubana venía presidida por Alicia Perea y reforzada por la presencia de Danilo Orozco. Numerosos investigadores, músicos de toda especie, escritores y artistas de otras disciplinas, críticos musicales y aficionados de Andalucía y de otros rincones de España, así como algunos profesionales extranjeros, se dieron cita en aquel histórico encuentro.

Antes de dar comienzo la programación propiamente dicha, se convocó, a la hora del aperitivo del lunes 25 de julio, una cita con los medios en el patio de La Carbonería de Sevilla, donde estaba previsto que Compay Segundo y sus Muchachos y El Guayabero con su Conjunto interpretasen algunas canciones. Tras las presentaciones cautelosas entre payos, gitanos y guajiros, las primeras notas de *Chan Chan* sonaron aquella mañana como si se abriese la puerta del otro mundo e irrumpiese por ella gravemente la procesión de las ánimas. A la atención petrificada de la audiencia durante cuatro minutos sucedió un aplauso caluroso. Conforme iban cayendo sones sucesivos, la postura de las matronas gitanas en sus sillas se iba relajando y sus maridos e hijos, de pie, se iban a aproximando a la pequeña escena. A una marca espontánea de tacón sobre el suelo, coincidente con el cierre de la clave de son en *Macusa*, seguía un leve cimbreo desde la cintura y unas manos se echaban al aire para dar paso a los primeros "ole" y "aah", que ratificaban con placer la compatibilidad rítmica. Las palmas por tangos o rumbitas, primero discretas, se desataron haciendo bloque. Y al final, las gitanas se soltaron en un meneo alegre, al que se unió la mismísima Omara Portuondo, mientras sonaba «Chicharrones». Fue como asistir a un proceso –por citar a don Fernando Ortiz– de transculturación instantánea. Entre aquel público selecto se generó un clima de exaltación que iba a durar una semana. La ciudad de Sevilla exhalaba –no había duda posible– su esencia más pura en contacto con lo cubano.

El Guayabero y Compay Segundo con las flamencas de Lebrija, del grupo *Sentimiento al golpe*, en el Patio de la Carbonería de Sevilla, julio de1994.

Francisco Repilado, Compay Segundo y Faustino Oramas, El Guayabero, Sevilla, 1994.

Faustino Oramas El Guayabero y su Conjunto en el escenario de Lebrija, julio de 1994. Faustino, con la pierna derecha recién amputada. A su lado, el inseparable maletín, con el álbum en su interior.

El Guayabero, Jesús Cosano y Santiago Auserón, durante el primer *Encuentro del son cubano y el flamenco* (recorte de prensa).

Los Naranjos de Cienfuegos con el Nano de Jerez y el su padre el Tío Juane, trinfando en el escenario de El Coronil, julio de 1994.

Aquella misma noche (del día en que yo cumplía los cuarenta), la banda de Juan Perro despedía su gira poniendo a prueba el nuevo repertorio, que comenzaba a integrar toques roqueros y soneros, ante una audiencia numerosa, en Mairena del Aljarafe. Al salir al escenario, contemplé al generalato del son cubano en primera fila. Empezamos a tocar con la sensación de estar pasando un examen de aptitud para el mestizaje musical, pero nos dedicamos a disfrutar del momento, y la respuesta del público fue acogedora. Se unió a nosotros el tresero de Holguín, Cándido Sánchez, a quien había solicitado que viajase acompañando a Faustino Oramas, para sembrar sus destellos montunos en alguna de mis canciones. Acabado el concierto, nos reunimos con un montón de invitados en un amplio restaurante –El Monumento– situado en el cerro de San Juan de Aznalfarache, con las luces de Sevilla al fondo. El grupo de El Guayabero cenaba en la terraza y el de Compay Segundo hacía lo propio en el interior del local, mientras el resto de invitados tomaba copas. Gualberto, líder en su día del grupo Smash, pionero del rock psicodélico andaluz y adaptador del sitar al flamenco, me saludó con expresión de contento. Cuando Repilado acabó de cenar, se limpió cuidadosamente los labios con su servilleta verdiblanca y dijo: "Muchachos, agarren los instrumentos". En la noche andaluza se escucharon de nuevo aquellas canciones límpidas, de sonoridad humilde y construcción perfecta. El Guayabero respondió con su retahíla de estrofas hilarantes, coreadas por toda la asistencia, y el guitarrista flamenco Agustín Carbonell, "El Bola", retó en duelo de velocidad sobre las cuerdas al joven tresero del grupo de Faustino, Leonel González. Fue una fiesta de cumpleaños donde las haya.

Las citas en la capital sevillana y los conciertos itinerantes por los pueblos de la provincia dejaron momentos inolvidables para muchos. Bladimir Zamora y Jesús Cosano organizaron un homenaje en la tumba de Antonio Machín, donde Compay Segundo y los suyos, secundados por un coro de visitantes mañaneras del cementerio de San Fernando, interpretó *Dos gardenias*. En Utrera, el escenario compartido por Compay con los flamencos de la localidad se llenó de un duende propenso a las tentaciones rítmicas. Compay se metió al público en el bolsillo y Ana la Turronera le gritaba: "¡Compay, tú no te vas a morir nunca, a ti hay que matarte!". En Lebrija, el *rajo* de Miguel Funi y los jaleos del "Sentimiento al golpe" alternaron con la elegante voz guajira de Rodolfo Marrero al frente del Septeto Spirituano. El guitarrista Pedro Bacán y su grupo "fiestaron" con El Guayabero de pueblo en pueblo, sumándose al montuno de *Marieta*: "¡Ay Dios!". En el patio del castillo de El Coronil, el Tío Juane acompasaba con la autoridad de su bastón el martinete jerezano, su hijo el Nano rompía la noche como un trueno y Los Naranjos de Cienfuegos, en activo desde la década de los veinte, llenaban el aire de sabor cocinado al pie del Escambray. Me regalaron unas preciosas maracas de fabricación casera, pintadas de verde y negro, con ojos de búho, de sonido bien rudo. Dentro del autobús que transportaba a los invitados, Danilo Orozco recordaba la función implícita de la clave de son en el «Twist and Shout» de los Beatles, cantado por el batería Antonio Smash, erguido a su lado en el pasillo del vehículo, con la elegante pianista cubana Alicia Perea haciéndole coros. Llegados a la Alameda de Hércules, multitud de soneros negros y mulatos traficaban de un cuarto a otro atravesando el patio del hotel. De mañana entraban y salían en una actividad incesante que hacía pensar en aquella Sevilla multiétnica de comienzos del XVII, profusa en zarabandas y chaconas, en la que Lope de Vega se alojaba con su amante Micaela Luján en casa de Mateo Alemán y don Miguel de Cervantes pagaba en una celda de la Cárcel Real algún descuido en sus cuentas como recaudador, mientras escribía el *Quijote*.

Las consecuencias del *Encuentro del son cubano y el flamenco* de Sevilla, que volvería a celebrarse durante varios años seguidos, iban a multiplicarse en amplio abanico. En la primera edición, asistieron a los conciertos unas 16.000 personas. Además de la espléndida cantora Omara Portuondo, que llevaba un año residiendo en la ciudad, estuvieron presentes unas cuantas personalidades, como el refinado guitarrista Rafael Riqueni. Kiko Veneno y la gente de su grupo, entre quienes se encontraba el guitarrista Raimundo Amador, respiraron la sonoridad ultramarina que invadía la provincia. El joven guitarrista Raúl Rodríguez –hijo de Martirio, con quien yo había evaluado en Madrid la experiencia de *Semilla del son*– empezó a interesarse por la técnica del tres cubano, que tendría luego un papel protagonista en su grupo *Son de la Frontera* y serviría para recuperar los toques más puros de Morón, las míticas falsetas de Diego del Gastor. El musicólogo Faustino Núñez y el musicógrafo José Luis Salinas intercambiaban ideas con sus homólogos cubanos, en compañía de Pere Pons (crítico musical, programador del Jamboree, templo del jazz de Barcelona) y del promotor flamenco Antonio Benamargo. Por allí andaba también Claire Hénault, que poco después crearía su oficina de management en París para organizar las giras europeas de Compay Segundo.

Durante toda una década escuché son y rumba afrocubana con avidez, disfrutando su poesía inmediata, asimilando ritmos, mimetizando timbres, poniendo a prueba las ideas musicales con lentitud, sobre un cuaderno de letras en que se iba perfilando mi nuevo proyecto como Juan Perro. ¿Un cuarto Juan a la deriva? ¿El último en ser rescatado de la barquilla inundada, esquivando patadas de los otros tres? ¡Perro al agua! Menos mal que llevé a bendecir al Cobre, cumpliendo con la instrucción de Bladimir, la imagen de Cachita. Llegado el momento de pasar de la escucha atenta a la realización musical, en 1994 obtuve de BMG Ariola un acuerdo para ir a grabar a La Habana. La holgura del presupuesto, negociado bajo el influjo de las ventas de Radio Futura, me permitió llevar conmigo a una banda selecta compuesta por los mejores instrumentistas en diversos estilos, roqueros, jazzeros, soneros y flamencos: Tino di Geraldo en la batería, Luis Dulzaides en la percusión, Javier Colina al contrabajo, John Parsons a la guitarra eléctrica y Agustín Carbonell, "El Bola", con su guitarra de palo. Desde Londres se sumaron el productor Joe Dworniak y su asistente Matt Kemp, colaborador de nuestro admirado Robert Wyatt. Paz Tejedor coordinaba los movimientos de todo el equipo. Durante el trayecto en avión, El Bola localizó en el asiento delantero al Nano de Jerez, Tino se levantó a hacerle palmas y el pasaje aguantó la mitad del viaje con el mejor cante por el mismo precio. Entonces todavía se fumaba en los aviones y las azafatas no daban abasto sirviendo whisky. Agarrándose a sus asientos, con expresión a medio camino entre el asombro y el pavor, la sección británica del equipo comenzaba a hacerse cargo del cariz que podría llegar a tomar una aventura semejante.

Mientras sopesábamos las posibles colaboraciones locales con los responsables del estudio viejo de la EGREM, en la calle San Miguel de Centro Habana, El Bola filmaba con la cámara que se había traído Luis Dulzaides para registrar el emotivo reencuentro con sus familiares. Yo acababa de mencionar la posibilidad de invitar al afamado conguero Tata Güines, cuando se abrió la puerta del control y en el umbral iluminado se dibujó la figura del rumbero mayor en persona, pronunciando su saludo ritual: "¿Qué taaarrrr...?". Sin quitarse la cámara del ojo, El Bola recorrió la aparición de arriba abajo y al llegar al suelo soltó su comentario más gitano: "Qué buenos zapatos llevas...". Tata vestía un par de botas negras con punteras de metal, perfectamente adecuadas para colaborar con los roqueros gallegos. Tras un primer intento de emplazar y sonorizar la banda, nos fuimos al patio a brindar por el encuentro. Tata agarró el contrabajo y adiestró a Colina en sus primeros tumbaos. Matt tendió su microfonía de campaña para registrar cantos y conversaciones que se prolongaron, cada vez más ininteligibles, hasta bien entrada la noche habanera.

Javier Colina en el estudio viejo de la EGREM, La Habana,1994.

La base rítmica de *Raíces al viento*: Luis Dulzaides y Tino di Geraldo, La Habana, 1994.

El guitarrista galés John Parsons en plena toma, La Habana, 1994.

El productor británico Joe Dworniak practica el toque de cha-cha-chá.

Por las mañanas, nada más llegar al estudio, Colina y yo debatíamos sobre la conveniencia de empezar el día con blanco o con añejo. Él no tardó en jurar fidelidad a la etiqueta que le daría mote para toda la grabación, por dictamen de Tata Güines: "Carta Blanca". Luego se sentaba al piano Steinway del estudio –el mismo en que Nat "King" Cole grabó su repertorio en castellano– y se entregaba a recorrer un caudal de melodías. Yo trataba de convencer a John Parsons para que desconectase su *rack* de efectos y probase un sonido desnudo, saturando levemente las lámparas del amplificador. Las tomas de base, con los técnicos cubanos asistiendo a los británicos (quienes reclamaban por todos los santos reparar de urgencia un aire acondicionado en colapso frecuente), se grabaron a lo largo de una semana intensa, capturando temperaturas y colores poco usuales. Tata Güines se autoproclamó director espiritual de la grabación, sancionando desde el control tomas mejores o peores: "Fifty-fifty", decía, o "fifty four", según el caso, en su particular sistema de valoración numérica del mestizaje musical. Su humor era en verdad contagioso y sus observaciones siempre acertadas.

Salíamos del estudio al caer la tarde y El Bola se detenía a conversar con los vecinos, sentados a tomar la fresca a la puerta de sus casas, en la acera frente al estudio. Una vez le nombraron a Antonio Gades y se puso muy serio a lucir estampa flamenca, dibujando figuras por mitad de la calle San Miguel. Llegados a la rampa de acceso al hotel Riviera, nuestro equipo se diluía intentando atravesar el pasillo apretado de jovencitas y jovencitos ataviados para seducir acompañantes que les colasen en el Palacio de la Salsa, situado en la planta baja del hotel. Allí los reencontraría a casi todos después de la cena, intentando acoplar el pasillo con una bailarina o sentados en la mesa de Tata Güines, tratando de capturar sus comentarios oblicuos bajo el volumen de la Charanga Habanera o de NG Labanda.

Una vez grabadas las bases, el grupo debía volver a Madrid, pero Colina preguntó por su caché y decidió quedarse durante el resto de la grabación. Cuando el Palacio cerraba, Tata y su compañero de grupo Lázaro Rizo nos guiaban a Javier y a mí por la intrincada ruta de los últimos cabarets, donde acabábamos alternando cerveza y ron, ensayando mínimas coreografías dirigidas por Tata, moviendo un hombro y luego otro, extendiendo una mano, levantando un carrillo, partiéndonos de risa. Dormíamos poco. Los domingos por la tarde, los Van Van animaban un baile multitudinario en torno a la piscina del hotel, Colina iba y venía citándose con Carlitos del Puerto u otras amistades recientes, yo escuchaba cómo los diseños del eficiente bajo de Juan Formell hacían temblar los cristales del edificio, sin poder conciliar el sueño ni moverme de la cama.

Pese al clima de euforia, el trabajo de grabación de *Raíces al viento* fue concentrado, metódico y preciso. Las tomas de base estaban bien engarzadas, porque habíamos pasado meses ensayando y rodando por España el repertorio nuevo. Aunque yo me despistase un momento, Joe no dejaba pasar cabo suelto. Cuando yo volvía a presionar buscando un sonido imaginario, él estaba secundando mi demanda desde el control, enviando a Matt a modificar la posición de los micros. Joe se entregó a fondo en el registro y la corrección de las bases, como de costumbre, y para cuando llegaron las tomas de voz estaba tan agotado como yo, por lo que decidimos terminar el disco en su estudio de Londres. Dedicamos mucho tiempo a probar colaboraciones especiales. Tata Güines trajo a su grupo de tambores batá, adaptando sus toques rituales a las melodías hispanas, ayudó a formar un coro de voces afrocubanas y remató con solos de tumbadora algunos momentos de clímax.

Premeditado desde Madrid venía el contacto con el tresero Pancho Amat, cuyo nombre legendario escuché en un montuno de El Guayabero. Desde el primer momento, sus ideas musicales se movieron con naturalidad en mi repertorio, tanto en las cercanías del son como en los temas roqueros, proporcionando energía con sus tumbaos, alcanzando máxima intensidad emocional en los solos, creando texturas sorprendentes en su relación con la guitarra eléctrica. Un jovencísimo –pero ya solvente pianista– Daniel Amat comentaba las técnicas de su padre, mientras yo empezaba a pensar que la evolución del repertorio de Juan Perro podía adelantar mucho, si Pancho Amat aceptase colaborar con nosotros en España.

Volvimos a encontrarnos con el tremendo Compay Segundo, a quien hicimos llamar para que ensayase su voz de madera grave. La toma prevista no cuajó, pero allí se empezó a tantear la conveniencia de grabar su repertorio en Madrid. Por el estudio pasaron otros invitados de lujo: el encendido guitarrista Sergio Vitier, primogénito de Fina y Cintio –a quienes había acogido en Madrid un año antes– y ahijado de Lezama Lima. Junto con su esposa Lilian, nos invitaron a cenar a Javier y a mí en su casa de La Víbora, en cuya planta de arriba se reunía Lezama con sus padres y otros componentes del grupo de *Orígenes*. El veterano director de la Orquesta Ritmo Oriental, Enrique Lazaga, puso en varios temas la clave, las maracas y un güiro estremecedor. El bongó y la campana estuvieron a cargo de Alberto "Lanoche" Hernández, quien añadía perfección musical a la dinámica explosiva de monte adentro. Otros invitados ocasionales pasaron por el estudio para escuchar la evolución de la grabación. Danilo Orozco reconoció la legítima fusión de la clave con una línea de bajo de rhythm & blues, en la canción «A un perro flaco». Se acercó a saludar el escritor, músico y productor norteamericano Ned Sublette, que andaba haciendo gestiones para su sello Qbadisc y tomando notas para su libro *Cuba and It's Music*, publicado diez años más tarde (Chicago Review Press, 2004).

Tata Guines nos instruye en la técnica del bajo anticipado.

Primer encuentro con Pancho Amat, EGREM, La Habana, 1994.

El guitarrista Sergio Vitier, EGREM, La Habana, 1994.

Compay Segundo ensaya una toma de voz que no se utilizó en la mezcla del disco.

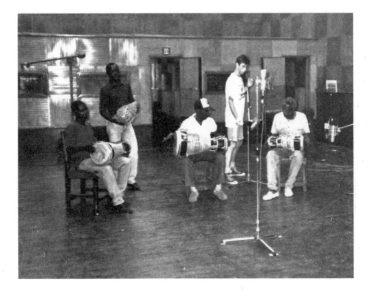

Matt Kemp se dispone a grabar al grupo de tambores batá de Tata Guines.

El coro afrocubano de *Raíces al viento,* con Javier Colina.

Tata Güines durante un recreo después de la jornada de estudio.

Con las cintas de *Raíces al viento* a buen recaudo, listo para regresar a Madrid.

Grabado del pintor Carlos Franco para la portada del primer disco de Juan Perro, *Raíces al viento*, 1995. Representa a los tres Juanes –Juan Esclavo, Juan Odio y Juan Indio–, en su balsa amenazada por la tormenta, antes de ser rescatados por la Caridad del Cobre (figura asociada por sincretismo con la amorosa Ochún).

Raíces al viento se editó en la primavera de 1995, generando amigos incondicionales y también algunas reacciones de enfado entre los seguidores de Radio Futura. En la portada del disco, un grabado del pintor Carlos Franco reproducía la barca de los tres Juanes amenazada por un torbellino de olas y viento furioso. La parte peor intencionada y menos informada de la crítica afirmó que yo había dejado el rock para pasarme a la salsa y que lo que pretendía inventar estaba hecho tiempo atrás por Carlos Santana. Los círculos de rock hispano de Los Ángeles, por el contrario, concederían a *Raíces al viento* reconocimiento como mejor disco del año. Reformé la banda de Juan Perro con el camagüeyano Moisés Porro en la batería. Y Pancho Amat confirmó que aceptaba venir con su tres a residir entre nosotros. Se quedó en la banda de Juan Perro durante los siguientes cuatro años.

Llegó a Madrid el 21 de abril de 1995, un día antes de su cuarenta y cinco aniversario. Durante los primeros días, se alojó en la Residencia de Estudiantes, por cuyas habitaciones vagaban los espíritus de Lorca, Dalí y Buñuel, pero sus huéspedes, al parecer, no resultaban tan divertidos siete décadas después. Al día siguiente de su llegada, quedamos para celebrar el cumpleaños con una cena familiar en casa. Javier Colina y yo fuimos a buscar a Compay Segundo y sus Muchachos –que ya empezaban a tener conciertos en Madrid–, al Hostal Matute, en el Barrio de las Letras. Compay Segundo y Pancho Amat, dos glorias de la música popular cubana, se conocieron aquella tarde. Recuerdo cómo se detuvieron frente a frente para contemplarse, a varios metros de distancia, con ojos encandilados, en actitud de mutuo respeto, antes de abrazarse. Pasaron la noche entera tocando uno cerca del otro, vigilando cada movimiento de los dedos en sus respectivos mástiles. Colina sustituía a Salvador Repilado en el contrabajo, cuando este último, con las yemas de los dedos echando candela, pedía clemencia para reponer fuerzas. Estaba plena la luz de la mañana y todavía Compay bailaba cual diablito en día de Reyes los sones de Matamoros, pegado a Paz Tejedor como una lapa en los boleros del Benny, con ochenta y siete años cumplidos.

Los ensayos en el Puente de Vallecas, los viajes por carretera, las pruebas de sonido, los conciertos y las sesiones de estudio para el siguiente disco de Juan Perro (*La huella sonora*, BMG Ariola, 1997) fueron una escuela de música itinerante, de la que sin cesar surgían ideas novedosas. Pancho Amat dio por bueno el apelativo de "rock montuno" para la música que estábamos haciendo. A lo largo de la historia del rock anglosajón se podían encontrar no pocos antecedentes de connivencia con lo latino. Pero ¿"montuno"? ¿De qué "monte" estábamos hablando? ¿Del que designa en Cuba el ámbito botánico de la santería y da título al famoso libro de Lidia Cabrera? ¿O del griego Helicón, donde las Musas advirtieron al poeta y citaredo Hesíodo acerca de su potestad para jugar con la verdad y con la mentira? ¿Hay un monte o una selva recóndita preservados en el corazón de los

123

cantantes que bajan al llano, de los que se buscan la vida en los barrios de cualquier urbe?

Fiel a su especialidad de rescate sonoro al filo de lo imposible, Bladimir Zamora consiguió copia de una comunicación por radio entre el Ché Guevara y Camilo Cienfuegos, sostenida en plena operación guerrillera en la Sierra Maestra. Quedó inserta en la canción *Historia de la radio* y en ella se oye bromear al Ché: "Soy un gran locutor...". El tres de Pancho iba jugando emotivamente con aquella voz que parecía surgir de ultratumba. Y remataba el solo con una cita de un tema muy popular en los sesenta, haciendo alarde de cubanía: "Conozca Cuba primero / y el extranjero después...". Pancho formalizó el aspecto didáctico de nuestra experiencia dándome clases a domicilio en las que me enseñaba acordes de la vieja trova y del "*filin*".

El tres cubano profundizó en aquellos días, por primera vez en la historia de la música, sus relaciones con la guitarra eléctrica, la de un gran *rocker* galés, por cierto. John exploraba la rítmica y el diseño de los tumbaos, mientras Pancho hacía lo propio con las escalas de blues y el acento de los *riffs* roqueros, sin privarse de estirar las cuerdas del tres al modo que a mí me había proscrito un malhumorado instructor de Santiago. Ambos anotaban minuciosamente sus intercambios de variaciones armónicas. Moisés Porro empezó a ganarse el apodo de "Mago de Camagüey" aguantando el swing sobre la caja y el hi-hat de la batería con una sola baqueta, mientras con la otra mano aseguraba los patrones de las tumbadoras o del bongó. El jazzman Javier Colina culminó su rápida asimilación del repertorio cubano con la decisión de dejar atrás la obligación de improvisar sobre *standards* norteamericanos.

La banda de Juan Perro en 1997, una escuela de música itinerante: Javier Colina, John Parsons, Moisés Porro y Pancho Amat rodean a Santiago Auserón.

En el terreno de la literatura, Cuba me permitió vivir otras situaciones intensas, momentos de honda significación cultural. Durante mis estancias en La Habana, aprovechaba horas sueltas para buscar primeras ediciones de Lezama, de Cintio, de Fina o de Eliseo Diego en los puestos de libros de Plaza de Armas. En compañía de Bladimir, visité la casa de Lezama en la calle Trocadero, me agarré a la reja de la ventana por la que el autor de *Paradiso* debía de escuchar la calle mientras escribía. Dentro contemplamos su mesa de trabajo rodeada de cajas de papeles y de libros. En Madrid, Fidel Sendagorta, nuevamente instalado en el Barrio de Salamanca, nos reunió en torno al gran poeta en el exilio Gastón Baquero, que recitó unos versos de Quevedo, comentando con regocijo su proverbial mala uva. En la Residencia de Estudiantes, tuve el privilegio de asistir al reencuentro entre dos gigantes de la poesía cubana, separados tras la Revolución por sus idearios políticos. Durante la comida en torno a una amplísima mesa, Gastón Baquero bromeaba cáustico a mi lado, mientras, un poco más allá, Eliseo Diego apenas levantaba la mirada del plato. Repartidos a distancia prudencial por los sillones del salón durante la sobremesa, vi cómo Eliseo ordenaba un brandy, que apuró de un trago con mano temblorosa, antes de levantarse, mirar severamente a los ojos de Gastón y darse la vuelta, enfilando sus pasos hacia el jardín. Algo debió de entender el fiero Gastón en su mirada, porque le siguió al momento, repentinamente sumiso como un cordero, con su bastón titubeante. No pude evitar seguirles, dejando a mi interlocutor con la palabra en la boca, y contemplé alucinado cómo, detrás de un arbusto, Gastón Baquero se fundía en apretado abrazo con Eliseo Diego.

En Córdoba volvimos a juntarnos Jesús Cosano, Bladimir Zamora y yo, en junio de 1997, para charlar sobre el son, la rumba y la santería, en compañía de la antropóloga y escritora Natalia Bolívar, que comentaba su último libro en el marco de una gira compartida con el cantor afrocubano Lázaro Ross y la pintora Zaida del Río. Natalia me regaló un tremendo amuleto, un cuerno de cabra relleno de sustancias desconocidas y sellado con cera. Algo alarmado le pregunté: "¿Tiene *nfumbe*?". O sea, "muerto", restos de cadáver humano. Ella me respondió: "Tú échale ron y humo de tabaco de vez en cuando. Y cuando le pidas algo, traza en un papel este dibujo, que representa tu nombre, y repite en voz alta la fórmula que aquí te escribo: «Batalla sacará empeño»". Con el cuerno me pasa un poco lo mismo que con la figura de la Virgen del Cobre... Aunque le tengo más fe a esta última, porque en la religión yoruba es Ochún, la diosa del amor, salvadora de náufragos de cualquier nación o especie. De Zaida conservo algunos cuadros y dibujos que le compré o me fue regalando en sucesivas visitas a Madrid: mujeres desnudas con cabeza de pájaro y una Santa Bárbara que sirvió de portada para el disco de Arsenio Rodríguez y su Conjunto, en la colección *Semilla del son*.

Jesús Cosano volvió a invitarme a Sevilla el 24 de julio de 2001, para impartir una conferencia sobre las relaciones entre el ritmo musical y el verso en la obra de Nicolás Guillén, de cuyo nacimiento se aproximaba el centenario. De un papel titulado *Las artes del ritmo*, leí algunas reflexiones acerca de las diferencias –aparentemente extremas– entre Guillén y Lezama y sus valores literarios respectivos. Alicia Perea aludió tras la charla a las discusiones entre partidarios del populismo "oficial" de Guillén y los lezamianos puros. Dejando de lado las pretensiones de pureza poética, siempre me ha parecido que Lezama es una suerte de sonero del pensamiento que agita las metáforas –y sus ideas cosmogónicas– como si fueran maracas llenas de semillas. Su intelectualismo de élite no tiene por qué ser menos social que el compromiso de Guillén con el arte popular, todo depende del tipo de comunidad que imaginemos.

Compay Segundo y sus Muchachos grabaron su primer registro europeo en Gran Canaria, en agosto de 1994, poco después del primer encuentro de Sevilla (*Saludo Compay*, Perinke, 1995). Pero yo tenía intención de proponerles una grabación más cuidadosa, que recogiese la mayor parte de su repertorio. Luis Lázaro andaba ya buscándoles conciertos por el territorio español. Poco antes de que formalizasen sus relaciones de management, le pedí a Paz Tejedor que negociase con el Café Populart de Madrid para organizar un concierto al que invité a los responsables del sello GASA, Alfonso y Mariano Pérez, advirtiéndoles de que iban a asistir a una velada especial. Compay estaba viviendo en aquellos días una tercera o cuarta juventud y, como de costumbre, su vitalidad musical dejó asombrada a la concurrencia. En un aparte en el pequeño camerino repleto de admiradores, Alfonso Pérez me dijo: "Esto quiero firmarlo como sea". No hubo que salvar grandes complicaciones para llegar, bajo supervisión de nuestra oficina, a un contrato respetuoso con los artistas, que dejaba cuidadosamente aparte la cuestión editorial. Al amparo de ese contrato, el sello GASA y luego Warner Music estaban destinados a vender, de la antología que produje y de los siguientes discos, varios millones de copias en todo el mundo.

La *Antología de Francisco Repilado, Compay Segundo* (GASA, 1996) se grabó en los estudios Cinearte de Madrid, entre el 13 y el 24 de noviembre de 1995, con Repilado en la voz segunda y la guitarrita de siete cuerdas (tercera doble octavada) que él denominaba "trilina"; el ex-policia Julio Fernández en la voz prima y las maracas; Benito Suárez en la guitarra rítmica y la voz tercera; y Salvador Repilado al contrabajo. Registramos cuarenta temas en diez días, en directo y sin emplear monitores, buscando el máximo de cercanía entre los músicos. El buen humor reinó durante toda la grabación. Viendo la fluidez con que se resolvía el trabajo, Compay se permitía impartir, al final de cada jornada, charlas de lo más instructivo, ora a sus muchachos, acerca de las dificultades propias del estudio de grabación, ora al conjunto de los asistentes, acerca de sus andanzas en las plantaciones de arroz en China, ora a mi persona, acerca del ritmo conveniente entre trago y trago: "Hay que tomar el ron despacito, así como hago yo...", me decía, libando del pequeño vaso como si fuera un jilguero, y concluía: "No como tú, que te lo echas de un trago y si me descuido te bebes el mío". "Compay", le dije otro día, "me gustaría que en el próximo viaje me trajese una guitarrita como la suya". Se levantó de inmediato a buscar una de las dos "trilinas" que tenía y regresó hacía mí sosteniéndola majestuosamente sobre las palmas de las manos, ofreciéndola como si fuera a armarme caballero: "Te-la-re-ga-lo", dijo, espaciando mucho las sílabas. Yo hice un tímido gesto, como para rechazar el don inmerecido, pero no tardé en agarrar la guitarra para comprobar bajo un foco la rectitud del mástil, mientras él remataba a mis espaldas, en tono lacónico definitivo: "Y ahora tú me regalas doscientos dólares".

Compay Segundo en Madrid, noviembre de 1995. Foto Javier Salas.

Pasé algunas tardes en su cuarto pintado de verde pálido del Hostal Matute, sentado en la cama a su lado con mi grabadora, averiguando como hacer sonar la "trilina", escuchando historias de su infancia en Siboney, de su actividad como clarinetista en la Banda Municipal de Santiago, de sus experiencias en La Habana con el Cuarteto Hatuey, con el Conjunto Matamoros y con el dúo Los Compadres. Pero, sobre todo, observando de cerca la hechura de sus modélicos fraseos de guitarra y anotando ritmos: "Esto es changüí", me instruía, dándole la vuelta al instrumento para percutir sobre la tapa trasera. Llegado a casa, yo repasaba una canción a medio componer, tratando de incluir en ella alguna de las enseñanzas de Compay Segundo.

Durante una comida en un restaurante gallego próximo al estudio, me atreví a ofrecer los servicios de mi oficina para la edición del repertorio, mejorando las condiciones habituales de los contratos discográficos, que generalmente reclaman la cesión de la mitad de los derechos de autor. Compay miró a Salvador de reojo y siguió comiendo tranquilamente. Como por experiencia propia sabía que se trata de un tema sensible para un compositor, no quise insistir. Aquella misma noche,

Compay Segundo y sus Muchachos tocaban en la sala Suristán. Llegué poco antes de comenzar el concierto y, conforme iba a abrir la puerta del camerino, salió por ella un respetable editor madrileño. Nada más verme, Compay se dirigió a mí sonriente, en tono triunfal: "¡Ya firmamos la edición!". "¿Cuánto le han cedido?", inquirí, temiendo lo peor. "Lo normal, ¡pero nos ha dado cincuenta mil pesetas de anticipo en efectivo!". Unos trescientos dólares, ¡menudo negocio! Durante la mañana del día siguiente, me presenté con los Repilado en el despacho el Presidente de la SGAE, Teddy Bautista, quien hizo llamar al editor en cuestión, colaborador permanente de la casa, y vivamente expliqué a la reunión por qué no me parecía bien un acuerdo de ese tipo, no tanto por interés de mi oficina, sino porque habiendo insistido en preservar la cesión de derechos de autor fuera del contrato discográfico, me parecía de ley que el editor elegido respetase el mismo margen para el autor que yo le había ofrecido. A todo el mundo le pareció razonable, aunque no sé cómo terminaría el asunto.

Santiago Auserón junto a Compay Segundo, en el día de la presentación del disco *Calle Salud*, Madrid, 1999. Foto Jordi Socías.

Una tarde del invierno siguiente recibí una llamada de Pancho Amat: "Óyeme, estoy en el estudio grabando para un disco de Carlos Núñez, Ry Cooder anda por aquí, le hablé de ti y quiere conocerte". Un rato después salía de casa con una copia de *Raíces al viento* y otra de la *Antología de Compay Segundo* en la mano. En el control del estudio, mientras Luz Casal cantaba una versión de *Negra sombra* para el primer disco del gaitero gallego, me encontré con Ry Cooder cómodamente recostado en el sofá, calzado con unas pantuflas de felpa, de cuadros marrones y negros, de andar por casa. Le entregué los discos y los miró por delante y por detrás, deteniéndose en preguntar por Compay Segundo, de quien no tenía noticia hasta entonces. Le expliqué con cierto detalle la importancia del sonero. Me contó que había estado en Cuba con su esposa en 1976, que tuvo ocasión de encontrarse con Ñico Saquito y que planeaba regresar a La Habana, con intención de grabar una segunda entrega junto al guitarrista maliense Alí Farka Touré y a su propio hijo Joachim, que era percusionista.

Sus planes cambiaron poco después. Paz Tejedor me pidió autorización para responder a una propuesta de RCA-BMG que requería su experiencia –adquirida durante las sesiones de grabación de *Raíces al viento*– como coordinadora de una producción en los estudios de la EGREM de La Habana. La cosa iba otra vez de gaitas: se trataba de un misceláneo disco del grupo irlandés The Chieftains, producido por su líder Paddy Moloney, en el que intervendrían Ry Cooder y Pancho Amat, entre otros muchos (*Santiago*, RCA-BMG Ariola, 1996). Por qué folclore irlandés –con posteriores adiciones vascas y gallegas– y en La Habana precisamente, vaya usted a saber, eran los días de la *world music*, un concepto superficial del mestizaje incentivado por las multinacionales. Lo cierto es que Ry Cooder aprovechó el viaje para contactar –por consejo de Juan de Marcos González, del prestigioso grupo Sierra Maestra– con varios soneros brillantes en edad provecta, algunos ya retirados, y de ahí salieron los planes para la grabación de *Buenavista Social Club* (World Circuit-Nonesuch, 1997). Un disco apreciable, de repertorio habitual y sin aportaciones originales, en el que la función musical de Ry Cooder se limitó a realizar un par de *slides* que no venían a cuento. Después llegó la película con Wim Wenders, que hacía un relato melodramático poco acorde con la dignidad de los soneros. En todo el proyecto predominaba el olor del dinero. De manera comprensible, si atendemos a la capacidad del viejo son, olvidada durante decenios, para transmitir al mundo su energía musical. Ry Cooder no dio verdadera muestra de interacción creativa con lo cubano hasta *Chávez Ravine* (Nonesuch, 2005), donde abordaba con sentido histórico la temática del mestizaje en su Los Ángeles natal y tocaba el tres en algunos números.

Llegado el momento en que el son cubano se convertía en gran negocio internacional, entendí que mi papel como investigador había concluido. En adelante, me tocaba asimilar el aprendizaje, buscando equilibrio entre las dos vertientes –anglosajona e hispana– del influjo africano intercontinental, tarea en que iba a invertir las dos décadas siguientes, siempre con ayuda de músicos cubanos. Además de Pancho Amat y de Moisés Porro, formaron parte de la banda de Juan Perro el explosivo guitarrista Norberto Rodríguez, afincado en Ibiza, el contrabajista Ronald Morán, residente en Roma, y el percusionista Luis Alfonso Guerra, barcelonés de adopción.

En numerosas ocasiones fui requerido para colaborar con agrupaciones cubanas de paso por España. Canté junto a Compay Segundo –además del dúo en *Virgen del Pino*, registrado en las sesiones de la *Antología*– en el Festival La Mar de Músicas de Cartagena y en el Festival Pirineos Sur. Con el espléndido piquete del laudista Bárbaro Torres, que incluía a Pancho Amat como invitado especial, salí a escena en el Centro Cultural de la Villa de Madrid, en 1997. Pancho me convocó en diversas ocasiones para unirme a su nuevo grupo, El Cabildo del Son, y con ellos grabé una versión de «Al vaivén de mi carreta», de Ñico Saquito (Resistencia, 2000). Más recientemente, durante la XIV edición del Festival Etnosur de Alcalá la Real (Jaén), en 2010, participé en el espectáculo *Cubaneando*, interpretando «Hoy como ayer», de Benny Moré, con la banda dirigida por el trombonista y productor Demetrio Muñiz, en la que también estaba Pancho. El 22 de julio de 2014, en el Auditorio El Batel de Cartagena, durante la entrega del premio del Festival La Mar de Músicas a Omara Portuondo, canté con ella «Dos gardenias», tratando de cumplir dignamente con el hueco que dejara Ibrahim Ferrer. La banda de notables soneros que había preservado el nombre de *Buenavista Social Club* iniciaba entonces su gira de despedida. En ella volví a encontrarme con el laudista Barbarito Torres y con el bongosero Alberto "Lanoche" Hernández.

Cada una de esas colaboraciones me permitió poner a prueba mi asimilación particular de la música tradicional cubana, que no quisiera limitarse a mimetizar lo aprendido, sino llevarlo hacia un proceso de transformación compatible con la herencia de los negros norteamericanos y con las propias tradiciones interétnicas de Iberia. Las cuales anduve investigando hasta la publicación del ensayo *El ritmo perdido. Sobre el influjo negro en la canción española* (Península, Madrid, 2015; Anagrama, Barcelona, 2020).

En sucesivos viajes a Nueva Orleans, comprobé la veracidad del *spanish tinge* o matiz hispano que el pianista Jelly Roll Morton reclamaba como ingrediente del primer jazz. Y la coincidencia del ritmo de *second line* interpretado por las bandas callejeras con la clave de son. La línea de conexión musical entre los puertos de Nueva Orleans, La Habana y Santiago de Cuba (hacia los que se dirigían las diferentes embarcaciones que escapaban de la revolución de los esclavos haitiana, según les permitiera su calado) es una guía para ensanchar el horizonte del canto en nuestra lengua, pues proporciona el arraigo musical del que mi generación carecía cuando sintió la atracción del rock y del soul.

Más de tres décadas después del primer viaje a Cuba, su música popular forma parte natural del paisaje por el que deambula mi repertorio. La *Semilla del son* se ha vuelto mata crecida al borde del camino, rama que encierra el poder de los Siete Rayos. El destino me ha permitido verla crecer, desde los días en que conviví con los soneros nacidos en las primeras décadas del siglo XX, que heredaron los cantes de "tiempo España". Y me ha permitido también vivir en Cuba momentos decisivos de su historia reciente: en el 84 todavía estaban los rusos, las mulatas iban del brazo de ingenieros de piel color de esturión y en Tropicana se acababa la fiesta con un *Ochi Chernye* en la lengua de Pushkin, pero en plan timba. Entre el 89 y el 94, en pleno Periodo Especial, la carencia de artículos de primera necesidad no impidió el avance de la música cubana hacia su internacionalización. Finalmente, en noviembre de 2016, durante los días de luto por el fallecimiento del comandante Fidel Castro Ruz –que motivó la cancelación del primer concierto de Juan Perro en la isla– tuve tiempo para reflexionar acerca de algunas constantes que parecen resistir en Cuba las mudanzas del tiempo: la musicalidad, el humor ingenioso, la viveza de pensamiento y la capacidad de construir con herramientas mínimas, a base de empeño.

Sentados en la terraza del Hotel Presidente, comentaba con Pancho Amat el estado de ánimo de sus paisanos durante aquellos días, en compañía de su esposa Teodora y de mi tour mánager Miguel Jiménez, cuando vimos venir hacia nosotros a Ned Sublette, cuyo programa de actividades también se había cancelado. Saludó como si los veintidós años transcurridos desde nuestro último encuentro fueran una bobería. Aprovechaba los días de paro forzoso escribiendo un reportaje para *Billboard*, en el que registró algunos de nuestros comentarios en torno un hecho de calado histórico: gracias al nivel de formación que la Revolución le deja como legado, el pueblo cubano –su verdadero protagonista, el que ha soportado todos los embates– merece ser enteramente dueño de su porvenir.

Tras esta última estancia, empecé a ponerme al día acerca de la evolución del rock cubano y su deseable "inserción en el tronco cultural de la nación", con palabras de Humberto Manduley, en su libro *Hierba mala. Una historia del rock en Cuba* (Ediciones La Luz, Holguín, 2015). Esas palabras sugieren una tarea que compromete al improbable gremio de las artes sonoras al completo: el cultivo de las diferencias entre géneros musicales –de tradición popular, clásicos, contemporáneos, jazzeros, troveros, roqueros o raperos– es el mayor tesoro de Cuba. Es preciso favorecer su cooperación sin forzarla, sin importar la edad ni el lenguaje verbal o musical. Y cuidar la palabra poética en todos sus registros. La posibilidad de prolongar el laboratorio sonoro cubano en los tiempos que se avecinan depende de ello. Su ampliación al ámbito de la hispanidad es un reto digno del espíritu guerrillero de las lomas orientales. Tiene una significación radicalmente distinta de la servidumbre con respecto al negocio. Es el mismo reto que tenemos que asumir en España. Ojalá merezcamos el honor de halar el barco desde nuestra orilla.

Santiago Auserón, La Habana, mayo de 2017.

Cantando en el programa de TV de mayor audiencia de Cuba, La Habana, mayo de 2017.

Con Pancho Amat y su Cabildo del Son en Güines, actuación callejera en el patio en que nació Tata Güines, 2017.

Frente al Patio de Tata Güines, en la casa en que habitó Arsenio Rodríguez, una calle rumbera de verdad, Guines, 2017. A la izquierda, el mánager internacional Miguel Jiménez.

Con Pancho Amat y el Cabildo del Son en su peña del Museo de la Música, La Habana, 2017. A la derecha de Pancho, el cantante Jorge Luis Reyes. Foto Miguel Jiménez.

FONTERAS DEL SON

En 1929, con ocasión de la Exposición Iberoamericana de Sevilla, el Septeto Nacional de Ignacio Piñeiro viajó a España, se presentó en el Pabellón de Cuba de dicha Exposición y realizó un registro fonográfico para La Voz de su Amo en Madrid, a comienzos del mes de octubre. Una agrupación sonera de creación reciente se hacía reconocer en la metrópoli tan sólo tres décadas después de culminar la independencia cubana. El son ofrecía al mundo tonos frescos, jóvenes como su nación, lentamente madurados durante cuatro siglos de soles y sombras. Antes que la madre España, el negocio discográfico norteamericano, en los inicios de su formidable expansión, había detectado el potencial sonero. Pero los avatares de la historia interrumpieron –primero en España y luego en Norteamérica– la difusión natural de la recreación cubana de ritmos y melodías populares en nuestra lengua.

Durante la dictadura franquista, notables artistas cubanos como Dámaso Pérez Prado, Antonio Machín y Olga Guillot alcanzaron popularidad en España, aunque confundidos en el magma indistinto de la canción ligera. Los muchachos de mi generación heredamos información acerca del mambo y del cha-cha-chá, retazos de guaracha y algunos memorables boleros cubanos y mexicanos, sin alcanzar a reconocer su linaje. La juventud española estaba pendiente de la sonoridad eléctrica de origen afronorteamericano y de sus derivas británicas. En las tiendas de discos y en los centros comerciales no había espacio para la música cubana antes de la edición de *Semilla del son*, primera antología internacional del género, que tuve el honor de compilar a finales de la década de los ochenta. El detalle de mi acercamiento al son a lo largo de tres décadas se halla en el opúsculo homónimo de la citada antología, que lleva por subtítulo: *De cómo la musica popular cubana germinó en suelo español.*

Tenemos hoy perspectiva para cuestionar el alcance de estos hechos. Mi primera motivación para viajar a Cuba en busca del son tuvo que ver con la lengua, surgió en las discusiones entre roqueros acerca de la dificultad del verso español para adaptarse a la rítmica sincopada internacional. Durante los años sesenta y setenta, los compositores y los cantantes populares españoles solían forzar la entonación natural de la frase para adaptarla a los ritmos de moda, condicionando la melodía y deformando los acentos de las palabras. La rígida dicción volvía artificiosa la aproximación al influjo negro que nos llegaba en lengua inglesa. El contacto directo con la música cubana desde 1984 me ayudó a entender que dicho influjo convivía desde hacía siglos con mi propia lengua, a flexibilizar el verso en mis canciones y a ampliar el alcance de la imaginería poética en dos sentidos: hacia atrás, tras la pista de una tradición lírica que el habla y la canción cubanas conservaban mejor que en España; y también hacia lo urbano contemporáneo, que los soneros parecían meter en copla con la mayor facilidad.

Después de constatar las consecuencias musicales que se derivan de nuestra comunidad parlante, al reflexionar sobre la proyección internacional del son, cabe preguntarse qué perciben en él los hablantes de otra lengua, en particular de lengua inglesa. Sobre todo, cuando uno ha experimentado la situación contraria desde la infancia, escuchando canciones en inglés cuya letra no hacía falta entender para bailar y pretender emular, con los sentidos cautivos de un horizonte de emociones compartidas y de fronteras imprecisas. Buscando simetrías en la historia reciente de la música popular, podemos preguntarnos, por ejemplo, qué encanto percibió el compositor norteamericano George Gershwin en los sones del Septeto Nacional de Ignacio Piñeiro, que tuvo ocasión de escuchar en vivo, durante su visita a La Habana, en la emisora de radio CMCJ, en febrero de 1932. ¿La frescura del timbre popular, la dulce inocencia de las melodías, la trabazón del esqueleto rítmico? ¿Era Gershwin tomando nota ante el Septeto Nacional como un niño español escuchando por vez primera su famoso «Summertime»? No exactamente, veamos por qué.

De sobra conocida es la apropiación del comienzo de «Échale salsita» por parte del compositor norteamericano para incluirlo en su *Obertura cubana*. Y la humildad proverbial de Piñeiro al verse tratado como producto del folclore de su tierra. Si nos fijamos en el significado desnudo de aquella anécdota, veremos que destacan en ella algunos rasgos notables. La frase inicial del son de Piñeiro: "Salí de casa una noche aventurera..." es un verso excelente, sencillo y espontáneo, pero bien moldeado, de métrica impar, no tradicional, pero de musicalidad natural contagiosa, que expresa perfectamente una idea. Su melodía se ajusta a la figuración de un patrón tradicional del tres que, a su vez, se apoya sobre la clave y el bongó. El verso termina dándole al calificativo de la salida nocturna –"aventurera..."– cierto

aire de tonadilla española, frecuentadora de los tugu-
rios del hampa. Gershwin opta por fragmentar la frase
–suprimiendo precisamente las cuatro notas finales que
dan ocasión para desplegar su lirismo– y la convierte en
instancia urgente que preserva el dinamismo jovial, pero cede en lirismo para sugerir un movimiento casi me-
canizado. Así tratada, la frase sirve de motivo funcional
para articular en la partitura culta el paisaje de impre-
siones que una estancia fugaz en Cuba pudo producir en
el ánimo de Gershwin. Sobre la fluidez original del verso
de Piñeiro, cuyo carácter narrativo parece prepararse
de antemano para el clímax del montuno, se impone el
pragmatismo de un compositor internacionalmente re-
conocido que trata el son como mera impresión de viaje,
apta para ser recortada e insertada en una obra mayor
sin merecer crédito. La salida noctámbula y aventurera del sonero desemboca, por su parte, en un estribillo
legendario que, como ustedes saben, da nombre a todo
un movimiento de música latina internacional, con base
en Nueva York: "salsa". Es lo que podríamos llamar la
venganza de Piñeiro.

Meses antes de la publicación de *Semilla del son*, en
febrero de 1992, apareció una antología del mismo género editada por el sello Luaka Bop, dirigido por el roquero
neoyorquino de origen escocés David Byrne. La compa-
ración entre ambas recopilaciones resulta instructiva:
en la de Luaka Bop, titulada con suave ironía *Dancing
With the Enemy*, es encomiable la ampliación del interés norteamericano por los diversos géneros de música
popular cubana, con predominio de los bailables. Este
fonograma fue el segundo de una serie (*Cuban Classics,
1, 2* y *3*) que inauguró un volumen dedicado por entero a
Silvio Rodríguez y cerró un tercer volumen de son eléctrico. En lo que a son y rumba tradicionales se refiere, la

compilación de Luaka Bop fue algo presurosa y miscelá-
nea, en tanto que *Semilla del son* se propuso transmitir
en cinco fonogramas una imagen coherente y rigurosa
de la evolución histórica del son en su época dorada. La
comunidad de lengua nos favoreció esta vez, sin duda,
tanto en la fase de documentación como en la búsqueda
de archivos protegidos de la luz en los estantes de la
EGREM. Pero, en el contraste entre esas dos lecturas del
son cubano, la urgencia del negocio y las exigencias de
actualidad volvieron a oponerse a la necesidad de prestar oído fino y ahondar en el sentido de las tradiciones.

Mi segunda incursión en la música cubana como
productor se centró en la figura de Francisco Repilado,
"Compay Segundo", cuyo repertorio grabé en Madrid
antes de que se convirtiese en figura central y carismá-
tica de *Buenavista Social Club*, disco y película que
tuvieron el mérito de llevar a término la internacionalización del son cubano. No sin riego por parte de su
productor Ry Cooder, quien, al parecer, se vio obligado
a pagar una multa sustanciosa por viajar a Cuba ilegal-
mente para realizar el proyecto. Pero a los roqueros admiradores de su obra nos dejó con las ganas de asistir
a un encuentro creativo entre dos géneros mestizos de
música popular de influjo negro, uno anglosajón y otro
hispano, que no paran de tenderse cables sin dejar de
mantener las distancias.

El devenir contrastado del son en España y en el
mercado anglosajón no agota su ámbito internacional, ni
mucho menos. En medio quedan todos los lazos natura-
les de la música cubana con el resto de América Latina:
México, Puerto Rico, República Dominicana, Colombia
y Venezuela, en primer término; los países sureños de
folclore ternario un poco más lejos, con cercanías de
calentura renovada como en la región del candombe.

Pero la reanudación de una corriente de mayor alcance, más allá de la frontera lingüística del norte y del océano Atlántico, que responde a la proximidad geográfica o cultural y se vio artificialmente interrumpida durante décadas, tiene un significado particular para el devenir de la música popular contemporánea. Merece la pena prestar oído a esas zonas de contacto en que se producen chispas entre dos lenguas y dos culturas.

Durante la grabación de mi primer disco bajo el nombre de Juan Perro, en los estudios de la EGREM de la calle San Miguel, en diciembre de 1994, un escritor y músico norteamericano que hablaba un castellano aceptable se mostró interesado por la fusión que estábamos cocinando entre músicos españoles, británicos y cubanos. Veintidós años después, a finales de noviembre de 2016, en pleno duelo por el fallecimiento del comandante Fidel Castro, la figura espigada de Ned Sublette se dejó ver de nuevo por la terraza del Hotel Presidente y se unió con naturalidad a nuestra charla con el maestro Pancho Amat, como si el sol se hubiera detenido para gozar de un instante habanero. En un brillante artículo que me hizo llegar días más tarde*, Ned Sublette, fundador del sello Qbadisc, cruza decididamente la frontera del negocio anglosajón y entra en detalles musicológicos relativos al ritmo para explicar la diferencia entre dos universos musicales: del lado cubano, la subdivisión del tiempo binario en corcheas regulares facilita la polirritmia o superposición de cuentas binarias y ternarias, permitiendo la variación de acentos en torno a las claves de son y de rumba –entre otras–, dentro de la matriz

---

* Ned Sublette, «The Kingsmen and the Cha-Cha-Chá: Cuban Influence on Rock and Roll», contenido en VV.AA. *Listen Again: A Momentary History of Pop Music*, Duke University Press, 2007.

más universal de la síncopa conocida como tango africano. Del lado norteamericano, la subdivisión en pares de "corcheas desiguales" ("*uneven eights*", dice Sublette) da lugar al swing norteamericano y marca con su impronta la era del jazz.

La idea de Sublette es acertada, aunque sería más preciso describir los acentos del swing como tresillos de semicorchea alternados con corcheas, interpretados de forma intuitiva y gestual, no matemática. Conocedor de las vías de la esclavitud, Sublette sitúa el origen de esa confrontación rítmica en las diferentes proveniencias de los esclavos que desde el África negra islamizada –de Sudán hasta Senegal– llegaron a las costas de Norteamérica, en tanto que los pobladores negros de Cuba provenían del África central y meridional no islamizada, musicalmente caracterizada por el uso de la polirritmia y de patrones rítmicos estandarizados, comunes a todas las naciones y a las numerosas lenguas de la región. Cabe añadir que, antes de iniciarse el proceso de islamización del Magreb y de la franja del Sahel a gran escala, el influjo negro se había hecho notar en la ciudades sagradas del Islam –Medina y La Meca–, para fundirse luego con aires cantados e instrumentales provenientes de Bizancio, Siria y Persia en los califatos de Damasco y de Bagdad, donde se configuró la música clásica de los árabes que llegaría después a al-Andalus.

Todo ello debió de influir en las maneras musicales de los africanos islamizados, cuyos ritmos habían contribuido al enriquecimiento del primitivo canto beduino. Pero la distinción de Sublette no deja de ser pertinente, abre espacio para futuras investigaciones acerca de las relaciones entre ritmos árabes y africanos y no impide considerar otros posibles influjos en la génesis del swing. Su estudio desemboca en la convicción de que el nacimiento del rhythm & blues y del rock & roll responde a un abandono paulatino del "arrastre" (*shuffle*) de las corcheas, propio del swing, en favor de la clave polirrítmica, por influjo netamente cubano que la política del bloqueo ha conseguido disimular a oídos de músicos y aficionados norteamericanos.

Cualquier músico sabe que las fronteras entre las subdivisiones mínimas del compás son desplazables, que el carácter de los ritmos depende de tradiciones musicales y gestuales que se aprenden desde la infancia. Sublette anota con acierto que una máquina de ritmo programada para tocar tresillos carece de swing, en tanto que los acentos de un rumbero de Matanzas, por ejemplo, transgreden con deliberación los límites de las cuentas pares e impares, tanto como el marco de la melodía tonal. Eso equivale a decir que la tradición es alterable y que la incomunicabilidad entre géneros y universos musicales es un mito. Sólo la lengua consiente el establecimiento de fronteras sonoras, apuntaladas por los programas de enseñanza y por la defensa militar del territorio. La música, por su parte, se complace en saltarse dichas fronteras y se alimenta con frecuencia de los cantos del enemigo, tal como ocurrió en la Península ibérica durante siglos, entre cristianos, judíos y musulmanes. Al tiempo que nos hacemos conscientes de ello, aprendemos a respetar los matices que proporcionan a cada música su valor. La libertad transgresora que permite la creación de novedades debe ser compensada con la finura del gusto para percibir sabores cocinados a fuego lento. A veces, en lo que parece más extraño se acaba por percibir la sustancia de lo propio.

Así podemos entender la fórmula que el maestro Pancho Amat adopta para encabezar su disco titulado *El swing del son*. No se trata de interpretar el son a modo de swing, cosa que también es posible, no siempre deseable, aunque ocasionalmente efectiva (recordemos alguna hermosa composición del Benny concebida al amparo de lo ensayado con Pérez Prado). Se trata de revelar que el son tiene su propia manera de "empujar" (*push*) o "arrastar" (*shuffle*) el tiempo y que la conciencia lúcida de sus mejores intérpretes comprende el lenguaje del swing sin obligación de reproducirlo miméticamente.

El oído sonero detecta rápido cuando un intérprete "suena gallego". Mas déjenme decirles que el swing podría resultar de un tratamiento negro del compás de doce tiempos en *tempo allegro*, escandido en semicorcheas, que las danzas folclóricas de Escocia y de Irlanda comparten, precisamente, con el *pandeiro* gallego. La música popular, que es de "talle gracioso" y "andar zalamero" –por emplear palabras de Piñeiro–, se presta a veces a curiosos enredos. Los bateristas de Jamaica, cuando acompañan el *reggae* que aparentemente se pulsa en tiempo marcadamente binario, juegan sobre el hi-hat con las semicorcheas de las danzas del Imperio colonizador. Los roqueros norteamericanos, entretanto, durante décadas no acertaban a llevar el pulso del reggae, desconociendo el implícito ternario que, sin embargo, se presenta como cosa obvia en el propio swing. Lo que desconocían era la costumbre polirrítmica de deslizarse de lo ternario a lo binario o viceversa. De manera comparable, los eufóricos muchachos del reguetón, cuando disfrutan sin recato alguno de la matriz sincopada minimalista que Jamaica ha contagiado al mundo latino, ignoran la amenaza latente de los aguerridos gaiteros anglosajones, avanzadilla de la Commonwealth.

Como depositario de la herencia más selecta del son y de la trova, conocedor de los secretos del solar rumbero, creador de mente abierta que proyecta el son más allá del negocio de la nostalgia, el maestro Pancho Amat está habituado a pasar esas herméticas fronteras: "Yo no quiero quitarle al son el swing / Yo no quiero quitarle al swing el son", declara cantando. Con su excelente Cabildo señala a los músicos de habla hispana de cualquier género el camino del porvenir, que consiste tal vez en aprender a reconocer la reciprocidad implícita entre lo propio y lo extraño. O, en términos culturales y musicológicos: a moverse con soltura en las lindes entre la lengua y el son, entre lo blanco y lo negro, entre cuentas pares e impares, entre corcheas y semicorcheas, subdivisiones del tiempo propias del gesto percusivo o danzante que subyace al golpe de voz.

Santiago Auserón entrevistado por Lorena Cantó, periodista de la agencia EFE, durante el Simposio Cubadisco, La Habana, 2018. Foto Cristina Cortés.

Reencuentro con el musicólogo Rolando Antonio Pérez en La Habana, septiembre de 2018.

Con el maestro Pancho Amat, en el Teatro de Museo de Bellas Artes de La Habana, septiembre de 2018.

Con la Orquesta Sinfónica Nacional de Cuba dirigida por el maestro Enrique
Pérez Mesa, Teatro Nacional, La Habana, diciembre de 2018. Foto Ariel Ce-
cilio Lemus.

ÍNDICE DE PROCEDENCIA
DE LOS TEXTOS

PRIMERA ANTOLOGÍA DEL SON CUBANO es el texto de presentación del fonograma *Semilla del son* (BMG Ariola, 1991), redactado a partir de notas tomadas desde 1989, año en que se inicia la investigación realizada por el autor en Cuba. Además de la primera antología, se editarón cuatro selecciones monográficas, dedicadas a Benny Moré, el Trío Matamoros, Arsenio Rodríguez y Miguelito Cuní con Félix Chappottín.

ANTOLOGÍA DE FRANCISCO REPILADO, COMPAY SEGUNDO rehace, con algunos retoques, las notas para el disco homónimo producido por el autor, editado por el sello GASA en 1996.

LAS ENSEÑANZAS DE COMPAY es la versión íntegra de la necrológica publicada en el suplemento Babelia del diario El País, el 30 de agosto de 2003.

DE CÓMO LA MÚSICA POPULAR CUBANA GERMINÓ EN SUELO ESPAÑOL fue el subtítulo del opúsculo titulado en su primera edición como la antología de 1992: *Semilla del son* (La Huella Sonora, 2017). El retorno del autor a Cuba después de veintidós años, en noviembre de 2016, coincidió con el duelo por la muerte de Fidel Castro, que provocó la cancelación del primer concierto de Juan Perro en la isla. Las biografías de Compay Segundo consultadas durante esa estancia culminaban con el fenómeno *Buenavista* y no hacían mención de la *Antología* que el propio sonero consideraba su mejor disco. Eso sugirió la conveniencia de redactar el opúsculo para presentarlo en la edición de Cubadisco 2017, a la que el autor había sido invitado. La premura y el tiempo transcurrido trastocaron fechas que han sido corregidas en este volumen.

FRONTERAS DEL SON es el texto leído por el autor en el Simposio Cubadisco celebrado en La Habana en septiembre de 2018.

Libros del Kultrum le agradece el tiempo dedicado a la lectura de esta obra. Confiamos en que haya resultado de su agrado y le invitamos a que, si así ha sido, no deje de recomendarlo a otros lectores.

Puede visitarnos en www.librosdelkultrum.com, en Facebook y en Twitter donde encontrará información sobre nuestros proyectos; y desde donde le invitamos a hacernos llegar sus opiniones y recomendaciones.

WOM